THE PRINCIPLES AND POWER OF VISION
# 비전의 힘

# THE PRINCIPLES AND POWER OF
# VISION

Copyright © 2003 by Dr. Myles Munroe
Originally published in the U.S.A. under the title

### THE PRINCIPLES AND POWER OF VISION:
Keys to Achieving Personal and Corporate Destiny

published in 1030 Hunt Valley Circle
New Kensington, PA 15068
by Whitakerhouse.com

Korean edition
© 2006 by Precept Ministries Korea
8-1, Cheongnyongmaeul-gil, Seocho-gu, Seoul, Korea

컴팩트 북 시리즈

THE PRINCIPLES
AND POWER OF VISION

# 비전의 힘

개인과 공동체의 미래를 여는 열쇠

마일즈 먼로 지음 | 최예자 옮김

묵상하는사람들
프리셉트

# Contents

## 1부 비전이란 무엇인가?

**1장** 인생의 목적을 성취하는 열쇠     9

**2장** 비전의 원천     29

**3장** 비전을 방해하는 장애물 극복     57

## 2부 비전 성취를 위한 12가지 원리

**4장** 원리 1# 분명한 비전을 세우라     79

**5장** 원리 2# 잠재력을 발견하라     90

**6장** 원리 3# 구체적인 계획을 세우라     99

**7장** 원리 4# 비전에 대한 열정을 품어라     111

**8장** 원리 5# 믿음의 눈으로 비전을 바라보라     122

**9장** 원리 6# 비전의 과정을 이해하라 135

**10장** 원리 7# 우선순위를 정하라 147

**11장** 원리 8# 사람들의 영향력을 인식하라 161

**12장** 원리 9# 비전을 이루기 위해 힘써 준비하라 177

**13장** 원리 10# 끈기와 성실함으로 무장하라 207

**14장** 원리 11# 인내하며 기다리라 223

**15장** 원리 12# 하나님과 지속적인 교제를 나누라 231

# 3부 비전의 능력

**16장** 후대로 전해지는 비전 239

**17장** 비전 계획 작성법 242

**행동개시_** 비전 실현을 위한 준비 단계 248

# 서문

우리는 비전을 잃어버린 시대를 살아가고 있습니다. 사람들은 아무런 꿈도 없이 주어진 현실에 안주하며 더 이상 도전하려고 하지 않습니다.

하지만 우리는 모두 다른 사람이 해낼 수 없는 자신만의 독특한 일을 완수하도록 지음 받았습니다. 그것이 바로 하나님이 우리에게 허락하신 비전입니다. 비전은 삶의 근원이자 희망이며 어떠한 고통과 역경도 견딜 수 있게 해 주는 힘입니다. 비전은 절망 가운데서 소망을 낳고 고난 가운데서 연단을 이루어냅니다. 비전은 눌린 자들에게 용기를 주며 낙심한 자들을 일으켜 세웁니다. 비전이 없다면 우리의 인생은 절망의 회오리바람 속에서 헤어나지 못하고 깊은 수렁에 빠지고 말 것입니다.

혹시 아직 비전을 발견하지 못해 무미건조한 삶을 살고 있지는 않습니까? 또는 비전은 있지만 그것을 어떻게 이루어야 할지 몰라 혼란 가운데 빠져 있지는 않습니까? 이 책은 비전의 부재로 인생의 좌표를 잃어버린 사람들에게 지금까지 꿈꾸지 못했던 위대한 일에 도전할 수 있는 용기를 줄 것입니다. 책에 제시된 비전 성취를 위한 12가지 원리를 삶에 적용함으로써 적극적이고 창조적인 인생을 살아가시기를 소원합니다.

마일즈 먼로는 명확하고 간결한 문체로 이 시대의 그리스도인들의 영성을 이끌어 가는 작가입니다. 특별히 보다 많은 사람이 이 책을 읽고 하나님 안에서 자신의 비전을 세워 나갈 수 있도록 휴대하기 편한 사이즈로 출간하게 되었습니다. 본서가 비전을 확고하게 붙들고 나아가는 데 나침반이 되기를 소망합니다.

프리셉트성경연구원
원장 김경섭 목사

# 1부

## 비전이란 **무엇**인가?

# 인생의 목적을 성취하는 열쇠

하나님은 인생의 목적과 의미를 위한 비전을 각 사람의 마음속에 심어 주셨다.

**1장**

수년 전, 크리스마스에 우리 부부는 아이들을 커다란 장난감 가게로 데리고 갔다. 당시 4살이었던 아들 카이로는 흔들 목마를 보자마자 눈을 반짝이면서 말 등에 올라타더니 두 귀를 꽉 잡고 앞뒤로 구르기 시작했다. 몇 분이 지난 후, 나는 아이를 말에서 떼어놓으려고 안간힘을 썼지만 그럴 때마다 아이는 짜증을 냈다. 하는 수 없이 우리는 한동안 가게를 이리저리 돌아다녀야만 했다. 기다리다 지쳐서 아들 쪽으로 돌아와 보니 아들의 몸은 땀으로 흠뻑 젖어 있었다. 그 모습을 보며 마치 하나님이 내게 이렇게 말씀하시는 것 같았다. "대다수의 사람들이 저런 식으로 살아간단다. 땀을 뻘뻘 흘리면서 죽도록 일을 하지만 사실상 제자리걸음만 하고 있어. 시간과 에너지를 축내면서 많은 일을 하고 있지만 궁극적으로는 아무런 열매도 없고 만족도 없이 살아가는 사람들로 이 세상은 넘쳐난단다."

### 당신의 인생은 어디를 향하고 있는가?

뼈빠지게 일하면서 만족과 성취감을 맛볼 수 없다면 이것이야말로 마음을 도려내는 고역이 아닐 수 없다. 당신의 삶은 어떠한가? 당신의 귀중한 에너지는 어디에 사용되고 있는가? 당신은 어떤 일을 하고 있는가? 당신이 하는 일은 능력과 적성에 잘 맞는가?

세상 사람들은 직장을 구해서 결혼을 하고, 집을 사서 자녀들을 키우고, 직업이나 경력을 바꾸고, 때가 되면 은퇴한다. 그리고 그다음에 맞이하는 것은 죽음뿐이다. 그러나 이보다 더 가치 있는 인생은 없을까?

"왜 살아갑니까?"라는 질문을 던진다면 사람들은 답변을 하지 못한다. 왜냐하면 그들은 자신의 삶에 대한 비전이 전혀 없기 때문이다.

"내가 살아가는데 굳이 이유 같은 것이 필요합니까?"라고 반문할지도 모른다. 그러나 반드시 필요하다! 인생은 의미를 가지도록 계획되었다. 당신은 그저 인생을 즐기도록 태어난 것이 아니다. 당신은 어느 쪽이든 방향을 정하여 목적지를 향해 움직이도록 예정되어 있다.

## 꿈이 없는 인생

'세상에서 가장 불쌍한 존재는 꿈이 없는 사람이다.' 나는 비전에 대한 강연을 할 때면 언제나 위와 같은 진리를 강조한다.

아마 당신은 한평생 무슨 일을 하고 싶었는지에 대해 아무런 생각 없이 세월을 보냈는지도 모른다. 아니면 한때는 꿈을 가지고 있었는데 여의찮은 환경이나 하루하루의 일상에 쫓겨 그 꿈을 놓쳐버렸는지도 모른다. 제아무리 많은 돈을 가지고 있다한들 삶에 대한 분명한 비전이 없다면 당신은 가장 초라한 인생을 살았을 뿐이다. 어디로 가는지 삶의 방향을 깨닫지 못한다면 당신의 삶은 어떤 상황이나 환경에 끌려다니게 된다.

문제는 거의 모든 사람이 현재의 환경을 초월하는 비전을 아예 가지고 있지 않다는 것이다. 미래에 대한 비전이 없다면, 인생은 그 의미를 상실한다. 그리고 인생에 대한 의미가 없다면 소망도 없어진다. 자신이 처한 인생에 대해 무기력해질 때마다 사람들은 자신의 직업이나 가족들에 대해 분노를 품을 수도 있다. 그들은 헛된 인생을 살아왔다고 한탄하며 끊임없는 허상의 무지개를 좇는 내적 열망에 사로잡혀 살아간다. 세상적인 부를 누린다 해도 이런 식으로 살아가는 사람은 참으로 불쌍하다. 그렇지만 당신이 미래에 대한 소망을 가질 수 있다면, 통장에 잔고가 얼마 남아 있든지와는 관계없이 당신은 진실로 부요한 자다. "여호와의 말씀이니라 너희를 향한 나의 생각을 내가 아나니 평안이요 재앙이 아니니라 너희에게 미래와 희망을 주는 것이니라"렘 29:11. 이 비전이야말로 인생에서 가장 중요한 열쇠와도 같은데 그 이유는 꿈이 있는 곳에 소망이 있고, 소망이 있는 곳에 믿음이 있기 때문이다. 여기서 말하는 믿음은 당신이 바라고 있는 것에 대한 본질 혹은 이루어진 상태를 나타내는 것이다히 11:1 참조.

비전이나 꿈을 가진다는 것은 인간만이 지닐 수 있는 특성이다. 당신의 꿈은 무엇인가? 상상 속에서 자신의 모습을 그려 볼 때 당신은 어떤 일을 하고 있는가? 당신이 이루고 싶은 일은 무엇인가? 당신은 자신이 하고 싶은 일을 하면서 인생을 살아가는가?

세상에서 가장 불쌍한 사람은 꿈이 없이 인생을 사는 사람이다. 이런 사람은 자신의 꿈을 피워 보지도 못하고 평생을 방황하면서 자신의 가능성을 허비한다. 또 현재 하고 있는 일과 비전, 현재의 상황과 그들의 꿈 사이에 아무 연관성이 없기 때문에 세월이 흐를수록 공허함만 커진다.

**사람은 구별된 삶을 살아가도록 지음 받았다**

그러나 당신은 하나님의 계획하심 속에서 구별되도록 지음 받았다. 세상에 있는 수천 종의 꽃을 한번 생각해보자. 다 같은 꽃이지만 저마다 특색이 있다. 하나님은 어느 한 사람이라도 다른 사람들 속에 묻혀서 자신의 독특함을 상실하는 것을 원치 않으신다. 지구상에는 60억 인구가 살고 있으며 그중에 어느 누구도 당신과 같은 지문을 가진 사람이 없다. 다른 사람들의 눈에 당신을 평범한 사람으로 보이게 해서는 안 된다. 만일 누군가가 당신을 본래의 모습보다 낮추어 본다면, 거울을 똑바로 들여다보고 이렇게 말하라. "나는 어느 누구도 대신할 수 없는 특별한 사람이다." 이 세상에서 당신과 같은 사람은 아무도 없다.

경제학에서, 사물의 가치는 희소성에 따라 결정된다. 어떤 다이아몬드도 모양이 같은 것은 없기 때문에 진짜 다이아몬드를 구입하려면 상당한 액수가 든다.
이와 마찬가지로, 하나님은 당신이 영원토록 귀중한 존재가 되기를 원하신다. 그래서 하나님은 당신을 유일한 한 사람으로 만드셨다. 할인 매장에 물건을 사러 가면 비슷한 색상과 디자인의 옷들이 많이 있다. 그것들은 대량 생산했기 때문에 저렴한 가격에 살 수 있다. 하지만 이 세상에 하나밖에 없는 자신만의 옷을 원한다면 직접 디자이너를 찾아가서 값비싼 대가를 지불해야 한다. 당신은 대량 생산된 물품과 같은 사람이 아니다. 하나님은 당신을 세일 매장에 걸어두신 적이 없다. 당신은 디자이너의 손으로 지음을 받은 자이다.

**독특한 비전을 가지고 태어났다**

하나님은 지구상에 존재하는 모든 인간을 독특하게 지으셨을 뿐만 아니라, 각 사람에게 독특한 비전을 허락하셨다. 어떤 사람도 당신에게 이런 비전을 줄 수 없다. 인생의 본질은 당신의 인생을 향한 하나님의 목적을 발견해서 그것을 성취하는 것이다. 그 일을 이루기까지 당신은 결코 참된 인생을 살아간다고 말할 수 없다.

하나님은 당신을 위한 꿈과 비전을 가지고 계신다. 당신이 죽을 때, 이 세상에 남겨두어야 하는 것은 은퇴 연금이 아니라 당신이 이룬 삶의 목적이다. 당신은 인생의 종말이 왔을 때 예수님처럼 말할 수 있어야 한다. "다 이루었다" 요 19:30. "나는 이제 은퇴했노라"는 말로 당신의 인생을 종결해서는 안 된다. 당신의 꿈은 단순히 은퇴로 끝내버릴 수 있는 성질의 것이 아니기 때문이다. 예수님은 이렇게 말씀하셨다. "내가 이를 위하여 태어났으며 이를 위하여 세상에 왔나니 곧 진리에 대하여 증언하려 함이로라" 요 18:37. 당신은 예수님처럼 인생에 대한 분명한 목적을 가지고 있어야 한다. 나는 내 인생의 목적을 알고 있다. 지도자들을 양육하고 훈련시켜 다가올 세대를 위하여 그들의 조국에 영향을 끼칠 수 있도록 하는 것, 그것이 내가 살아가는 이유다. 내가 만나는 모든 사람을 일으켜 세워서 그들 속에 숨겨져 있는 지도력을 이끌어 내는 것이다. 당신이 만약 내 곁에 있다면, 당신은 분명 스스로에 대해 호감을 가지게 될 것이다. 만약 당신이 충분한 시간을 가지고 내 곁에 있다면, 당신은 본래의 참모습으로 돌아갈 시도를 하게 될 것이다. 이유는 무엇일까? 나는 당신이 그렇게 변화되도록 이끄는 일을 하기 위해서 태어났고, 그 일을 위해서 준비된 사람이다. 당신은 하나님으로부터 어떤 일을 하라고 부름 받았는가?

### 당신은 이름을 남길 수 있는 일을 하도록 이 세상에 태어났다

사람들은 모두 다른 사람들이 해낼 수 없는 자신만의 독특한 일을 완수하도록 지음 받았다. 성경은 사소하지만 세상 사람들이 기억할 만한 일들을 행한 사람들의 이야기가 기록된 책이다. 한 가지 예로 기생 라합은 자신이 알지도 못하는 사람들을 위해서 목숨을 거는 모험을 감행했다. 라합은 여호수아가 보낸 정탐꾼들을 숨겨주어 이스라엘이 여리고를 무너뜨리는 데 큰 공을 세운다 수 2,6장 참조. 구약 성경을 읽어본 사람이라면 누구나 그녀의 용기에 대해 잘 알고 있을 것이다.

신약 성경에는 향유 옥합을 가지고 와서 예수님의 머리에 부은 한 여인에 대한 이야기가 있다. 그 자리에 있던 몇몇 사람들은 그녀의 이런 행동을 심하게 비난했다. 비싼 향유를 팔아 가난한 자들에게 자비를 베풀 것이지 예수님께 '허비했다'는 이유였다. 그러나 예수님은 그들에게 이렇게 말씀하셨다. "가만 두라 … 내가 진실로 너희에게 이르노니 온 천하에 어디서든지 복음이 전파되는 곳에는 이 여자가 행한 일도 말하여 그를 기억하리라" 막 14:6, 9. 행위가 아무리 미미한 것이라 해도 당신의 전 생애를 거기에 바친다면 그 일은 세상 사람들의 기억에서 잊혀지지 않을 것이다.

### 삶을 위한 비전

대부분의 사람들은 자신이 받은 비전을 묻어둔 채 꿈을 잃고 살아간다. 이렇듯 하나님의 진귀한 보물을 스스로 사장시키고 있다는 것은 정말 애석한 일이다.

아마 이 책의 독자 가운데는 청소년도 있을 것이다. 지금까지 이루어 놓은 일이 무엇인가? 당신이 누구며 어떤 인생을 살아야 하는지 전혀 인식하지 못하는 가운데서 오로지 그대의 친구들을 기쁘게 해주기 위해 많은 시간을 투자해 왔는가? 만일 그렇다면 당신은 스스로에 대해서는 전혀 선을 베풀지 않는 것이며, 삶의 목적을 성취하지 않고 있는 것이다.

여러분 가운데 아마 40살에 접어든 인생도 있을 것이다. 지금까지 세상 사람들에게 잊혀질 수 없는 어떤 일을 이루었는가? 당신은 얼마나 오랫동안 꿈을 이루겠다는 시도도 하지 않고 이리저리 끌려다녔는가? 당신은 꾸물대는 습관을 가졌을 수도 있다. 그저 아무렇게나 살아가고 있는 사람들을 보면 한심한 생각이 든다. 그러나 자신이 무엇을 위해 태어났는가를 인식하며 살아가는 사람들을 만나면 정말 기분이 상쾌해진다.

사람들이 하나님이 원하시는 모습에서 벗어나 인생을 소비하는 가장 큰 원인은, 자신이 누구인가를 한 번도 인식해본 적이 없기 때문이다. 예를 들어, 당신은 20년 세월을 일반 공무원으로 지냈을지도 모른다. 비록 고위직 공무원이 되겠다는 꿈을 안고 있었을지라도 여전히 입사했을 때와 똑같은 수준에 머물러 있지는 않는가? 처음에 임명받았던 직급에서 한 단계씩 승진하여 팀장이 되고 국장을 거쳐야만 목적을 달성하게 될 것이다. 사람들은 운명을 개척해 나가야 한다는 것을 전혀 자각하지 않고 살아가기 때문에 비전을 이루지 못한다. 그들은 다음처럼 말한다. "나는 하는 일이 있잖아, 그거면 어느 정도는 만족할 수 있어." 단순히 일에만 매달려 사는 것은 물 위를 걸어가는 것처럼 위험하다. 모든 직업은 현재의 목표보다는 더욱 큰 목표를 향해 나아가는 하나의 과정으로 간주하여 비전을 성취할 수 있는 도약판으로 삼아야 한다.

우리는 말이 아니라, 행동으로 이름을 남기고 간 사도들의 뒤를 좇는 인생을 살아야 한다. 사도들의 이야기를 기록한 성경책을 사도행전이라고 일컫는 이유는 그들이 행동하는 자들이었기 때문이다. 그들에게는 목적지가 있었고 그곳을 향하여 바삐 움직였다. 온 나라가 그들을 두려워했으며 그들이 나타날 때마다 도시들은 촉각을 곤두세웠다. 왜냐하면 그들은 천하를 어지럽게 하는 자들로 소문이 났기 때문이다.행 17:6.
당신이 나타나면 사람들은 어떤 감정을 가지게 될까? 당신은 이런 말을 듣게 되는가? "아, 저기 또 그 사람이 온다. 이번에는 어떤 새로운 아이디어를 가지고 있을까?" 변화는 정체된 현실 속에 안주하고 있는 사람들을 혼란스럽게 할 것이다. 그러나 당신은 멈춰서는 안 된다.

### 비전은 당신에게 무엇을 주는가?

나는 세상에 있는 세 종류의 사람들을 관찰해 보았다. 첫째, 주변에서 어떤 일이 일어나는지를 전혀 인식하지 못하는 사람들이 있다. 둘째, "방금 무슨 일이 일어났나요?"라고 물어보는 사람들이 있다. 셋째, 사건을 만들어 내는 사람들이 있다. "비전을 가진 한 사람이 그저 수동적으로 행하는 99명의 사람들보다 더욱 위대하다"는 말이 있다. 사람들은 자신의 운명에 관심을 가진다. 그러나 그들에게는 운명을 개척하는 데 필요한 열정이나 욕구가 없다. 사실상 그들은 하나님이 마음속에 허락해주신 꿈을 믿지 않는다. 설혹 그 꿈을 믿는다 해도 그것을 성취하려고 하지 않는다. 여기에서 바로 그럭저럭 존재하는 사람과 세상에서 변화를 일으키는 사람이 갈린다.

당신은 자신의 비전이 무엇인지 발견했는가? 한 목숨 다 바쳐서 쏟아 부을 수 있는 일을 발견하게 되면 당신의 삶은 새로운 소망과 목적으로 충만할 것이다. 그것은 당신에게 살아가야 할 이유를 알려줄 것이다. 지금까지 나는 목적 때문에 열정을 가지게 되었다. 목적이 아침마다 나를 일깨워서 피곤하더라도 계속해서 그 길을 가게 한다. 그것은 해독제가 되어서 내가 낙심하지 않도록 보호해준다. 목적이 있기 때문에 나는 엄청난 반대에 몰릴 때에도 즐거워할 수 있다. 왜냐하면 다른 누구의 방해에도 멈추지 않고 완수해내기를 원하시는 하나님의 뜻을 알고 있기 때문이다.

비전을 발견하게 되면 당신은 에너지와 열정을 가지게 될 것이다. "네 손이 일을 얻는 대로 힘을 다하여 할지어다" 전 9:10. 나는 이 성경 구절이 사람들이 놓치고 있는 진리를 표현한다고 믿는다. 당신은 목적 달성을 위하여 힘써 노력하는 일만 성취해 낼 수 있다. 꿈에 관심을 가지고 있다고 해서 그 꿈이 절로 실현되는 것은 아니다. 하지만 모든 에너지를 그곳에 쏟게 되면 당신의 성공을 막을 사람은 아무도 없다.

이 구절에 숨어있는 또 한 가지는 당신이 무슨 일을 착수하려고 하면 거기에는 반드시 방해, 반대, 고난이 있다는 것이다. 그러므로 꿈을 성취하려면 전심전력을 다해서 그 꿈을 향해 나아가야 한다. 열심을 가지고 부지런히 움직이는 것은 성공의 기본 철칙이다. 하지만 거기에는 내적인 동기유발도 필요하다. 그 내적인 동기유발이 바로 비전이다.

비전은 인간을 움직이게 만드는 일차적인 동기다. 그러므로 우리가 하는 모든 행위에는 하나님이 우리 속에 허락하신 비전이 있어야만 한다. 비전은 생활방식의 전 영역에 걸쳐 영향을 미치는 것으로, 시간과 돈을 어떻게 투자하며 우선순위를 어디에 두는가를 결정짓는다. 비전은 인생의 본질이다. 비전은 열정의 필수조건이자 끈기를 이끌어내는 원천이다. 비전을 가질 때 당신은 인생이라는 경주를 완주하는 법을 알게 된다.

### 당신의 은사가 길을 열어 준다

실질적으로 비전을 이루려면 어떻게 해야 하는가? 하나님은 각 사람에게 재능과 은사를 허락하셔서 세상에 유익을 끼치도록 하셨다. 당신이 하는 일에서 참된 성취감, 목적, 만족을 발견하려면 바로 이 은사를 활용해야 한다.

우리는 교육이 성공의 열쇠라는 말을 너무나 쉽사리 받아들이고 있다. 그러나 진정으로 성공하기를 원한다면 관점을 바꾸어야만 할 것이다. 성공의 열쇠는 교육이 아니다. 잠시 후에 교육의 중요성에 대해 많은 이야기를 할 것이다. 하지만 교육이 성공의 열쇠가 된다고 하면 박사 학위를 가지고 있는 사람들은 누구나 다 행복해야하지 않을까?

그러나 교육을 받았으면서도 재능을 계발하지 않는다면 당신은 낙망하고 좌절하여 지쳐버릴 것이다. 월요일 아침마다 직장에 나가는 것이 지옥 같은 기분일 것이다. 교육학과 학위 그 자체만으로 당신의 앞날을 보장해 줄 수는 없다. 당신에게 성공은 은사를 어떻게 활용하느냐에 달렸다. 당신이 은사를 현명하게 활용하면 세상은 당신에게 길을 열어줄 것이며, 거기에 상응하는 대가도 부여할 것이다. 세상이 아무리 크더라도 당신의 은사를 발견하고 가치 있게 만들 곳은 분명히 있다.

미켈란젤로는 예술에 인생을 다 바쳤다. 그가 죽은 지 500년이 지난 후에도 우리가 그를 기억하는 이유도 바로 이 때문이다. 베토벤과 바흐는 작곡에 생애를 다 바쳤고 그들의 음악은 영원토록 살아 있다. 알렉산더 그레이엄 벨은 소리를 전기로 전환해서 전선으로 송신할 수 있다고 믿었다. 한때는 모든 사람이 벨을 미치광이 취급했다는 사실을 아무도 기억하지 않는다. 우리는 단지 그 사람이 전화를 발명해 낼 만큼 확고한 비전을 지닌 사람이었다는 것만 기억할 뿐이다. 일설에 의하면, 토마스 에디슨은 문을 걸어 잠그고 8~9일 동안 실험에만 열중했다고 한다. 그는 어쩌다 실수로 전구를 발명해 낸 것이 아니다. 그에게는 꿈이 있었다. 비록 오랜 시간이 걸리긴 했지만, 에너지를 이용해서 빛을 만들 수 있다는 것을 믿었던 것이다. 그런 믿음이 있었기에 그는 비전을 이루기까지 그것을 붙잡고 있었던 것이다. 그를 잊혀지지 않는 인물로 만든 것도 바로 비전에 대한 그의 믿음이다.

일을 중도에서 포기한다면 아마도 다양한 경험은 할 수 있겠지만, 평범한 월급쟁이 신세를 면치 못할 것이다. 정말 당신이 해야 할 일이 무엇인가를 찾아보겠다는 결심을 할 때, 당신은 은사를 발견하고 비전을 이룩하여 세상 사람들의 기억에 남는 인물이 될 것이다.

### 은사에 불을 붙인다

아무리 은사가 있다 해도 그것에 불을 붙이는 책임은 우리에게 있다. 사도 바울은 제자 디모데에게 이런 편지를 썼다. "그러므로 내가 나의 안수함으로 네 속에 있는 하나님의 은사를 다시 불일듯하게 하기 위하여 너로 생각하게 하노니"딤후 1:6.
은사는 우리가 배워서 얻게 되는 것이 아니다. 그것은 하나님이 우리에게 허락하시는 것으로서, 우리가 발견해서 세워나가야만 하는 것이다. 은사를 계발하고, 연마하며, 사용함으로써 당신의 은사를 계발해야 한다. 여기에 교육이 필요하다. 교육은 당신에게 은사를 주는 것이 아니라 그것을 계발해서 최대한으로 사용될 수 있도록 도움을 준다.

또한 우리는 다른 사람들의 은사를 흉내내기보다는 각자 자신의 은사를 일깨워 나가야만 한다. 다른 사람의 은사를 질시하는 것은 불행한 일이다. 그것은 에너지를 소모시키며 당신에게서 인생의 열정을 앗아간다. 자신의 은사를 세우는 일에 바삐 움직여서 다른 사람의 은사를 질투하거나 스스로를 불행하다고 생각할 시간조차 없을 정도가 되어야만 한다.

재즈 연주가 루이 암스트롱이 청년 시절에 예술 학교에 지원을 했다. 오디션에서 악보를 받은 그는 처음 두 소절밖에 부르지 못했고 소질이 없다는 판정과 함께 시험에서 떨어졌다. 또 음대 지원에 실패하자 처음에는 울었지만 나중에 친구에게 이런 말을 했다고 한다. "나는 내 속에 음악이 있다는 것을 알아. 그것은 나에게 불합격 판정을 내릴 수 있는 그런 문제가 아니야." 마침내 그는 많은 사람에게 사랑받는 최고의 재즈 음악가가 되었다.

무엇이 변화를 일으켰는가? 루이 암스트롱은 자기의 은사에 목숨을 걸었다. 그는 자기 연민에 빠져서 세월을 허송하지 않고 자기 속에 있는 음악적 재능을 계발하는 데 에너지를 쏟았다.

비록 우리 모두가 독특한 개성을 가지고 태어나지만 우리들 대부분은 모방자가 된다. 가끔 나도 '다른 사람들처럼 경쟁 사회에 끼어들어 열심히 살아가면 어떨까' 하는 생각을 한 적이 있었다. 하지만 모든 쥐가 다 경주를 하고 있다면 당신이 이긴다고 해도 대왕 쥐가 되는 것 말고는 대단한 것이 무엇이 있겠는가. 그런 쥐들의 경주에서 빠져나와 이웃들과의 경쟁을 중단하길 바란다. 경쟁사회에서 승자가 되려는 몸부림에서 벗어나라. 이웃 사람에게 지지 않으려고 허세를 부리는 짓은 하지 말라. 모든 사람의 마음에 들려고 굳이 애쓰지 말라. 그리고 "나는 나만의 특정한 영역을 찾을 것이다. 나는 은사를 사용함으로써 나만의 길을 헤쳐 나갈 것이다"라고 결심하라.

아마 당신은 지금 58살, 65살, 아니면 70살의 나이로 접어들었을지도 모른다. '내가 조금이라도 더 젊었을 때 비전에 대해 분명히 알았더라면' 하고 후회하는 일은 없는가? '이제는 너무 늙었어. 은사를 발견할 에너지도 시간도 전혀 남아 있지 않구나'라고 생각하지는 않는가?

그러나 나이가 너무 많아서 은사를 사용할 수 없다고 생각한다면 당신은 거짓말에 속고 있는 것이다. 성경을 보면 하나님은 이미 은퇴 시기가 지난 사람들에게로 가서 그들을 다시 충만케 하시는 것을 보게 된다. 그들은 다른 사람들이나 그들 스스로가 이제 자신의 인생은 끝이라고 생각할 그때에, 새로이 인생을 시작해서 역사에 길이 남을 인물이 되었다<sup>창 18:11-15,</sup> <sub>21:1-8의 아브라함과 사라, 누가복음 1장의 엘리사벳과 사가랴의 이야기 참조</sub>. 당신의 은사는 당신에게 청춘을 되돌려 줄 것이다. 당신의 은사는 에너지와 힘을 안겨 줄 것이다. 당신은 더욱 건강하게 될 것이며 죽음에 관한 이야기는 사라지고 삶에 관한 이야기를 새롭게 시작하게 될 것이다.

### 당신의 비전을 깨달으라

하나님은 꿈꾸는 자들을 사랑하신다. 하나님은 비전을 허락하는 분이시며, 큰 꿈을 꾸고자 하는 자들에게 향하신다. 당신은 유일무이한 특별한 존재이기 때문에 다른 누군가로 대치할 수 없다는 것을 잊지 말라. 당신은 다른 사람들을 닮아가도록 계획된 것이 아니다. 하나님이 원하시는 바는 당신이 하나님으로부터 부여받은 은사를 일깨워 충분히 계발하는 것이다.

꿈꾸는 자 중에 성공하는 사람은 명확한 비전을 가지고 거기에 따라 행동하는 사람이다. 비전에 집중하는 한 누구에게나 기회는 찾아오기 마련이며, 비전을 포착하면 현재의 상황을 극복해서 목적을 달성할 수 있다.

당신의 인생 목표를 추구해 나가는 방법을 알기 원하는가? 이 책은 당신에게 다음의 일을 이루게 할 것이다.

- 비전을 이해하고 비전이 성공에 필수적인 이유를 알게 된다.
- 인생의 목적을 발견하고 그것을 좇아 살게 된다.
- 비전의 목표를 밝혀 주고 올바른 자리에 있게 한다.
- 비전을 방해하는 걸림돌을 극복하게 한다.
- 인생의 꿈을 달성하는 데 필요한 중요한 핵심 원리를 배우게 된다.
- 비전을 성취하기 위한 특별한 계획을 계발하게 된다.
- 당신에게 계획되어 있는 삶을 살게 된다.

이를 위해 당신은 현재의 상황과 전통적인 지혜를 뛰어넘는 원리들을 이해하고 실천하는 연습을 해야만 한다. 오랜 경험으로 보증된 이 책의 원리들은 당신이 누구이며 어떤 배경을 가지고 있든지에 관계없이 당신이 비전을 성취할 수 있도록 도와줄 것이다. 매일 선택하고 결정하는 사람은 당신 자신이

다. 당신은 지금 있는 현 위치에 그대로 머무를 수도 있고 아니면 꿈을 추구하며 앞으로 나아갈 수도 있다. 이제는 뚜렷하지 못한 인생에서 벗어나야 한다. 하나님은 당신에게 능력과 책임을 허락하셔서 당신이 삶의 비전을 성취하도록 하셨다.

사람들은 현재 몸담고 있는 일을 피할 수 없기에 어쩔 수 없이 하는 경우가 많다. 당신은 자신의 목적을 바탕으로 내린 결정을 소신 있게 해보고 싶지는 않은가? 지금까지 '평범한' 상태로 충분한 시간을 누려보았다면 이제 당신은 독특한 면을 드러내기 위한 결정을 해야 한다. 당신은 무리들과 함께 섞이는 것이 아니라 우뚝 솟도록 지음 받았다는 사실을 기억하라. 당신은 독특하고도 특별한 존재로 지음 받았을 뿐만 아니라 누군가가 이룰 수 없는 일을 성취하도록 지음 받았다. 다른 사람들이 당신에게 "너무 높은 기대치를 잡아서는 안 되네"라는 말을 하도록 해서는 안 된다. 당신이 지니고 있는 것보다, 당신이 현재 하고 있는 일보다 더 많고 더욱 높은 것을 기대해야 한다. 꿈을 크게 가져라. 당신의 마음속 어딘가에 언제나 당신이 꿈을 꿀 수 있는 능력이 존재한다. 아무리 도전이 거세다 할지라도 포기하지 마라. 왜냐하면 당신의 비전이 인생의 목적을 성취하는 열쇠이기 때문이다.

## 비전의 원리

1. 세상에서 가장 불쌍한 사람은 꿈이 없는 인생이다.
2. 세상에서 가장 욕구 불만인 사람은 꿈은 있으나 그 꿈을 어떻게 실현시켜야 할지 모르는 자다.
3. 모든 사람은 하나님으로부터 독특하고도 구별된 존재로 지음 받았다.
4. 하나님은 인생에 목적과 의미를 위한 비전을 각 사람의 마음속에 심어 주셨다.
5. 당신에게 비전을 줄 수 있는 사람은 아무도 없다. 비전은 하나님이 부여하신 것이다.
6. 모든 인간은 다른 사람이 성취할 수 없는 일을 이루도록 지음 받았다.
7. 모든 사람은 무언가 특별한 일을 하도록 창조되었다.
8. 비전을 가진 한 사람이 수동적으로 행하는 99명의 사람들보다 더욱 위대하다.
9. 당신의 은사는 세상을 향한 길을 열어 비전을 성취하도록 도와줄 것이다.
10. 당신 속에 있는 은사를 일깨울 책임은 당신에게 있다.
11. 하나님은 꿈꾸는 자들을 사랑하신다. 또한 하나님은 비전을 주시며, 원대한 꿈을 가진 자들에게로 향하신다.
12. 비전에 집중하는 한 누구에게나 기회는 찾아오기 마련이며, 그것을 포착하면 현재의 상황을 극복하여 목적을 달성할 수 있다.

# 비전의 원천

비전은 과거의 경험을 기초로 하여
미래를 예견하는 통찰력이다.

**2장**

　　당신의 존재 목적을 이루어가는 첫 번째 단계는 당신이 비전을 부여받았다는 것을 깨닫는 것이다. 하지만 어떻게 해야 정확하게 비전을 받아들이고, 인식하고, 행동으로 옮길 수 있을까? 그것은 바로 비전의 원천을 이해하는 것이다. 이것을 배우게 되면, 처음에 꿈을 취하는 것부터 그것을 성취해 나가는 모든 과정이 당신에게 유익이 될 것이다.

## 비전은 목적에서 유래한다

비전을 이해하는 첫 번째 열쇠는, 비전은 목적에서부터 유래함을 깨닫는 것이다. 비전을 만든 분이 하나님이시며 하나님이 행하시는 모든 것에는 분명한 목적이 있기 때문이다. 하나님이 인간 역사의 현장에 개입하시는 이유는 인간들의 삶을 통해 무언가 특별한 일을 이루고자 하시기 때문이다.

하나님은 목적에 근거해서 일하는 분이시다. 게다가 하나님의 목적은 영원하시다. 시편 33편 11절을 보자. "여호와의 계획은 영원히 서고 그의 생각은 대대에 이르리로다." 그리고 이사야 14장 24절에는 이런 말씀이 있다. "만군의 여호와께서 맹세하여 이르시되 내가 생각한 것이 반드시 되며 내가 경영한 것을 반드시 이루리라." 어떤 것도 하나님의 목적을 가로막을 수 없다. 하나님의 목적은 반드시 이루어진다.

### 하나님은 목적을 가지고 당신을 창조하셨다

비전을 이해하는 두 번째 열쇠는, 하나님은 만물을 창조하셔서 제각기 삶의 목적을 성취하도록 하셨다는 것이다. 당신은 창세 전부터 하나님께 택한 바 되었다 엡 1:4-5 참조. 하나님은 당신이 태어나서 어떤 사람이 되고 무슨 일을 해야 하는지 이 모든 것을 미리 계획하셨다.

나는 삶에 대해 늘 긍정적이다. 주님이 나를 지으신 목적을 알고 그분이 그 목적을 이루어주실 것을 믿기 때문이다. 나는 실수로 태어난 존재가 아니며 내 인생에는 중요한 의미가 있다는 것을 믿는다. 그것이 당신에게도 해당된다는 사실을 믿는가? 당신의 인생에도 목적이 있다는 사실을 아는가? 이 사실에 대한 확신이 이 책을 읽는 동안 더욱 깊어지기를 바란다.

**당신은 적절한 때에 태어났다**

전도서에는 인류에 대한 하나님의 목적이 계시되어 있다. "범사에 기한이 있고 천하 만사가 다 때가 있나니"전 3:1. 이 구절에 의하면, 하나님은 당신에게 삶의 목적을 허락하셨을 뿐만 아니라 그 목적이 성취될 때를 정하셨다. 당신이 태어나서 무엇을 하든지 간에 그 일이 완성되는 때는 하나님이 정해 놓고 계신다. 그리고 그때는 당신이 살아있는 동안이다. 당신의 마음속에 있는 비전을 알아야 하는 결정적인 이유가 무엇인지 알겠는가? 당신의 삶의 목적은 당신이 이 세상에 살아 있는 동안에만 달성될 수 있기 때문이다.

하나님이 당신에게 허락하신 꿈을 추구해 나갈 때, 그분은 당신 생애의 어느 한 때, 즉 그 일을 완성하도록 계획되어 있는 시기에 열매를 안겨 주실 것이다. "하나님이 모든 것을 지으시되 때를 따라 아름답게 하셨고"전 3:11. 당신은 적절한 시기에 태어나서 당신의 생애에 비전을 성취하도록 예정되어 있다.

**당신에게는 목적의식이 부여되었다**

"하나님이 인생들에게 노고를 주사 애쓰게 하신 것을 내가 보았노라"전 3:10. 히브리어로 "노고"란 '무거운 책임', '직업', '맡은 일'로 번역할 수 있다. 또한 '막중한 책임'으로도 설명이 가능하다. 어떤 의미에서 보면 인간은 누구나 목적을 가지고 태어난다. 20살, 60살, 혹은 90살 어떤 나이가 되든지 간에 당신 안에는 당신이 수행하도록 되어 있는 '막중한 책임'인 부담감이 작용하고 있다. 그것은 양심의 울림이다. "나는 이루어야만 하는 어떤 사명 때문에 이 땅에 태어났다." 당신은 그 외침을 인식하는가? 당신의 삶을 통해서 해야 되는 일을 위해 태어났음을 느끼고 있는가? 비록 말로 표현은 못해도 대부분은 이를 인식한다. 그러한 감정, 열망, 혹은 부담감은 하나님으로부터 나온다. 하나님은 당신을 위한 그분의 목적을 위해 '막중한 책임'을 당신의 마음속에 허락하셨다.

## 하나님은 당신의 마음에 그분의 영원한 목적을 두셨다

"하나님이 … 사람들에게는 영원을 사모하는 마음을 주셨느니라"전 3:11. 당신 안에는 영원이라 불리는 것이 들어있다. 하나님이 당신 안에 두신 비전은 '영원함의 부분'으로 부여하신 것이며, 당신이 살아 있는 동안에 이 땅에 전달하라고 주신 것이다. 나는 이것이 바로 성경에서 이야기하고 있는 "깊은 바다가 서로 부른다"는 구절의 본뜻이 아닐까 생각한다 시 42:7 참조. 그러므로 하나님이 하시는 일은 대단히 경이롭다. 하나님은 영원 가운데서 살고 계신다. 그러나 하나님은 특별히 당신을 시간 속에 세워두셔서 이 땅에 있는 다른 사람들이 그분 속에 있는 영원의 한 부분을 볼 수 있도록 하신 것이다.

이것은 당신이 자신의 목적을 분명히 드러내지 못함으로 인해 현재의 삶에 불안해 하거나 만족하지 못하는 이유가 된다.

## 당신의 목적은 하나님 안에서 이미 완성되었다

비전을 이해하는 세 번째 열쇠는, 당신이 드러내야만 하는 삶의 목적이 당신에게 이미 부여되었을 뿐만 아니라 하나님 속에서 완성되었다는 것이다. 다음의 성경 구절은 비전 성취에 대한 나의 관점을 완전히 바꾸어 놓았다.

> 나는 하나님이라 나 외에 다른 이가 없느니라 나는 하나님이라 나 같은 이가 없느니라 내가 종말을 알리며 아직 이루지 아니한 일을 옛적부터 보이고 이르기를 나의 뜻이 설 것이니 내가 나의 모든 기뻐하는 것을 이루리라 하였노라(이사야 46:9-10).

이 구절에서 하나님은 친히 행하시는 두 가지 일을 언급하신다. 첫째, 하나님은 일을 시작하기에 앞서 목적을 세워두신다. 이 말은 하나님이 먼저 영적인 영역에서 일을 성취하시고 자연계의 영역에서 그 일들을 시작하신다는 뜻이다. 둘째, 하나님은 어떤 일을 시작하실 때에 마지막 결과를 계시하신다.

내가 지금까지 발견한 성경의 원리는 산출에 앞서 미리 목적이 세워진다는 것이다. 즉, 하나님은 먼저 목적을 세우시고 그 목적을 이루기 위한 인물이나 도구를 만드신다. 하나님은 시작과 끝이시다. 하나님이 어떤 일을 시작하실 때 그분은 이미 영원 속에서 그 일을 완성해 놓고 계심을 우리는 종종 간과한다. "그러나 하나님이 하시는 일의 시종을 사람으로 측량할 수 없게 하셨도다"전 3:11. 그것은 마치 건축가가 아이디어를 계발하고 청사진을 만들어서 공사를 시작하는 것과 같다.

우리는 여기에서 창조의 원리를 알 수 있다. 하나님이 세상에 기초를 놓기 이전에 이미 하나님의 마음속에는 모든 것이 완성되어 있었다. 하나님은 자신이 원하시는 모든 것에 대해 생각하시고 계획을 세우신 후 비로소 하늘과 땅과 인간을 창조하기 시작하셨다. 창세기에서 우리는 '이 세상의 창조'라고 불리는 프로젝트를 시작하는 시점에 관한 내용을 읽게 된다. 프로젝트 경영에 참여해 본 사람이라면 첫 개시가 중요한 단계라는 것을 알 것이다. 이것은 개시 부분에 착수하기 전에 이미 모든 계획은 다 세워져 있으며, 모든 인력자원과 경영자원이 순서대로 정돈되어 있다는 것을 의미한다. 프로젝트를 시작하기 전에 이 모든 것이 준비되어 있어야만 한다. 그때 비로소 프로젝트에 들어갈 수 있다.

내가 사는 지역에 근접한 셜리 스트리트라는 거리에 주차구

역이 있을 때의 일이다. 어느 날 차를 몰고 가는데, 아름다운 건물을 그려놓은 커다란 간판이 눈에 들어왔다. 주변에는 아직 건물이 한 채도 없었는데도 커다란 간판에 건물 이름이 적혀 있었고 풍경, 건물 모양, 창문 등 별별 것이 다 그려져 있었다. 그것은 건축물의 완성도를 상세히 설명해 주는 그림이었다. 간판에는 '분양 예정'이라고 적혀 있었다.

그 구역을 지나쳐 갈 때 나는 하나님의 음성을 들었다. "너 저것을 보았니?" "무엇을 보았다는 거예요?" 하고 내가 물었다. "너는 저 건물의 완성도를 보았니?" 그래서 나는 차를 돌려 간판이 세워져 있는 곳으로 가서 살펴보았다. 시공 회사는 건물 조감도를 간판에 내걸어 놓고서 건물의 완성된 모습을 미리 보여주고 있었다. 이처럼 비전을 가진다는 것은 미리 그것이 존재하듯이 실현될 것을 보는 것을 의미한다.

나를 향한 하나님의 계획이 무엇인지 주의를 기울이면 '하나님이 하시는 일의 시종'을 더욱 더 이해할 수 있게 될 것이다 전 3:11.

### 시작이 있다는 그 자체가 바로 당신이 완성품이라는 증거다

하나님은 목적한 것을 시작해 나가시고 그것을 완수하기 이전에 언제나 끝맺음을 해 놓으시는 분이기 때문에, 당신에게 시작이 있다는 것은 바로 당신이 완성품이라는 증거다. 그러므로 하나님이 당신에게 부여하신 사명을 감당하기 위해 고

군분투할 것이 아니라, 하나님을 의지하여 그것을 실천해 나갈 때에 세밀하게 인도해 달라고 자신을 맡길 수 있어야 한다.

예를 들어, 바하마 국제선교단체(BFMI)를 개발해 나갈 때에 나는 혼자 그 일을 '완수하려' 하지 않았다. 제 3세계 지도자 연합과 지도자 특별훈련을 포함하여, 모든 면에서 하나님은 이미 세계의 지도자들을 훈련시킬 일류급 종합센터를 완성해 놓으셨다. 하나님은 훈련 센터에 대한 목적을 세워 놓으신 후, 다시 처음으로 가서 이렇게 말씀하셨다. "자, 이제 내가 바하마에 있는 섬으로 가서 11명의 식구들과 허름한 집에서 올망졸망 함께 살고 있는 한 젊은이를 독려하면 그가 비전을 완수해 나갈 것이다." 이 과정은 목적한 것에 대한 결과를 위하여 나와 바하마 국제선교단체에 동참하고 있는 자들을 준비시켜 나가는 하나님의 방식이다.

하지만 당신의 마지막은 시작할 때의 모습과는 전혀 다르거나 혹은 과정 가운데 드러나는 문제 때문에 다른 결과를 가져올 수 있다는 사실을 알아야만 한다. 그러므로 당신은 하나님이 이미 완성해 놓으신 것을 향하여 나아가기를 열망하면서 믿음으로 살아가야 한다. 그렇지 않으면 당신은 마음속에 있는 비전이 아닌 육신의 눈에 보이는 것에만 매달리게 될 것이다.

이 점에서, 나는 목적과 비전의 차이점을 분명히 밝히고자 한다.

목적은 하나님이 당신을 창조하신 의도, 즉 당신이 태어난 이유가 된다. 목적은 하나님이 이미 자신의 마음속에 결정해 놓으신 것으로 당신이 성취해 나가도록 계획된 것이다. 따라서 목적은 다음과 같은 특성을 가지고 있다.

- 목적은 당신이 태어나서 감당해야 하는 사명이 무엇인가를 알고 이해하는 것이다.
- 비전은 믿음으로 바라보고 상상할 수 있는 것이다.

목적을 볼 수 있을 때, 당신의 비전은 현실로 다가온다.
"비전은 과거의 경험을 기초로 하여 미래를 예견하는 통찰력이다"라고 정의할 수 있을 것이다. 즉, 비전은 하나님이 의도해 놓으신 우리의 미래를 어렴풋이 감지하는 것이다. 우리의 목적이 어떻게 전개될지 세세한 사항을 모두 다 알 수는 없다. 그러나 하나님이 허락하신 비전을 통하여 목적을 계시하시기 때문에 우리는 목적의 '종말'은 볼 수 있다. 목적이 반드시 실현될 것이라고 확신할 수 있는 이유도 바로 이것 때문이다.
비전을 성취하는 데 필요한 돈이 없다고 가정해보자. 사실상 하나님은 당신에게 이렇게 말씀하신다. "나는 네가 가려고 하는 곳에 이미 있었다. 그리고 너는 필요한 것이 있으면 무엇이든지 공급받게 될 것이다." 각자의 비전이 완성될 것이라고 하나님이 우리에게 알려주신다. 그렇기 때문에 우리는 용기를 가질 수 있고 예상한 대로 일이 잘 풀리지 않는 상황에서도 낙망하지 않고 계속해서 나아갈 수 있다.

**당신은 목적을 달성할 수 있도록 완벽하게 계획되었다**
하나님이 목적을 가지고 당신을 창조하셨을 때, 하나님은 또한 당신이 완벽하게 그 일을 해낼 수 있도록 계획하셨다. 이것은 당신에게 허락하신 비전을 성취하는 데 필요한 모든 요구 조건을 다 충족시켜 주시겠다는 의미다. 그러므로 아무것도 염려할 필요가 없다. 하나님이 우리를 불러서 일을 시키실 때에는 우리에게 그 일을 할 수 있는 능력을 부어 주신다.

**비전은 하나님의 것이다**
그러므로 당신의 비전은 목적에서부터 출발한다. 당신이 존재하기 전부터 목적이 있었다. 하나님은 그 일을 실행하기 위해 당신의 출생을 예정하셨다. 하나님은 무엇을 만든 다음에 그 용도를 결정하시는 분이 아니다. 하나님은 먼저 자신이 원하시는 것이 무엇인지를 알고 계시며, 그다음 하나님을 대신하여 그 일을 수행할 사람이나 사물을 지정하신다.

결과적으로 볼 때, 비전은 우리가 아닌 하나님의 것이다. "사람의 마음에는 많은 계획이 있어도 오직 여호와의 뜻만이 완전히 서리라"잠 19:21. 비전은 미래에 대한 개인의 관점이 아니라 하나님으로부터 나온 영감으로 미래를 전망하는 것이다. 비전은 이 땅에서 우리가 하나님의 나라를 건설하는 데 기여할 수 있도록 하나님이 우리에게 바라시는 소원이다. 우리가 삶을 위한 계획을 세우기 이전에 하나님은 이미 그 목적을 훌륭하게 세워 놓으셨다. 우리는 하나님께 구하여 우리를 향하신 그분의 목적을 발견할 수 있도록 예정되어 있으며 그래야만 올바른 계획을 세울 수 있다. "하나님께서 행하시는 모든 것은 영원히 있을 것이라 그 위에 더 할 수도 없고 그것에서 덜 할 수도 없나니 하나님이 이같이 행하심은 사람들이 그의 앞에서 경외하게 하려 하심인 줄을 내가 알았도다"전 3:14.

### 당신은 이미 자신의 비전을 알고 있다

비전을 이해하는 네 번째 열쇠는, 개인의 비전을 인식하는 방법을 배우는 것이다. 비전에 관한 책을 읽고 난 후에 여러 독자가 나에게 이런 글을 써 보낸다. "당신의 책을 읽었습니다. 정말 놀랍습니다. 그 책을 읽고 나의 인생이 바뀌었습니다. 그리고 나아갈 준비도 되어 있습니다. 그런데 문제는 저의 비전이 무엇인지 모르겠단 말입니다. 어떻게 하면 비전을 발견할 수 있는지 방법을 가르쳐 주십시오." 비전을 발견하려면 하나님이 그 비전을 두신 당신의 내면을 살펴봐야 한다. 열쇠는 이것이다. 하나님의 뜻은 우리에게서 떠나지 않는 끊임없는 생각과 우리의 가장 깊은 소원에 근접한다.

## 비전은 당신 안의 간절한 소원에 근접한다

"여호와를 기뻐하라 그가 네 마음의 소원을 네게 이루어 주시리로다"시 37:4. 성경은 소원이 당신의 어디에 있는 것이라고 말하는가? '당신의 마음'이다. 잠시 되짚어 보자. 하나님은 하늘로부터 우리에게 소원을 주시지 않는가? 그것도 틀린 말은 아니다. 그러나 하나님은 당신을 위한 그분의 소원을 당신의 마음속에 두셨다는 사실을 기억하라. 하나님은 당신이 태어났을 때 당신의 인생에 대한 계획을 당신 안에 세워두셨으며 그 계획은 한 번도 당신을 떠난 적이 없다. 여기서 말하는 마음이란 당신의 잠재의식 가운데 있는 생각이다. 하나님은 그분의 계획을 분명히 발견하기를 원하시기 때문에 당신의 마음속 깊은 곳에 넣어두셨다. 때때로 하나님의 아이디어들이 복합적으로 나타나기도 한다. 하나님은 당신이 행하기를 원하는 일들을 마음속에 5~6가지씩 넣어두시고는 적절한 시기에 하나씩 이루어 나가도록 하신다.

그런 아이디어들은 평생 사라지지 않을 것이다. 아무리 나이가 들어도 동일한 생각이 계속 되풀이될 것이다. 그리고 동일한 소원들이 결코 당신을 떠나지 않을 것이다. 이것은 당신을 향한 하나님의 뜻이 결코 변하지 않기 때문이다. "하나님의 은사와 부르심에는 후회하심이 없느니라" 롬 11:29. 인생에서 무슨 일이 일어난다 해도, 당신은 하나님이 허락하신 사명에서 벗어날 수 없다.

당신의 마음속에 변함없이 남아 있는 모든 생각, 아이디어, 계획, 꿈들은 하나님이 넣어두신 것이다. 비전은 결코 당신을 떠나지 않는 아이디어이자, 절대로 사라지지 않는 꿈이며, 사그라지지 않는 열정이다. 하나님으로부터 이미 사명을 부여받았는데도, 자신이 무엇을 해야 할지 하나님께서 말씀해 주시기를 끊임없이 기다리고 있는 사람들도 있다. 또한 자신의 마음속에 있는 하나님의 뜻은 제쳐놓고 엉뚱한 곳에서 비전을 찾아 헤매는 사람들도 있다. 이런 사람들은 태어난 후에 삶의 목적을 부여받는 것이 아니라는 점을 깨달아야 할 필요가 있다. "우리는 그가 만드신 바라 그리스도 예수 안에서 선한 일을 위하여 지으심을 받은 자니 이 일은 하나님이 전에 예비하사 우리로 그 가운데서 행하게 하려 하심이니라" 엡 2:10.

하나님이 우리에게 어떻게 말씀하시는지 질문하는 사람들이 있다. "저는 하나님의 음성을 듣고 싶어요. 하나님이 직접 음성을 들려주시나요? 아니면 구약 성경에서 하셨던 것처럼 동물을 통해서 혹은 벽에 글을 써서 말씀하시나요?" 그들은 하나님이 그들이 태어날 때부터 말씀해 주셨으며 지금도 말씀하고 계신다는 것을 모르고 있다. 하나님은 사람들이 마음속에 계속해서 품고 있는 생각, 아이디어, 비전을 통하여 말씀하신다. 만일 비전에 대해 분명하게 알지 못한다면 하나님이 당신 안에 두신 가장 깊은 소원을 계시해 달라고 간구하라.
어떤 사람들은 점쟁이들에게 자신의 미래를 알려달라고 한다. 일부 그리스도인 중에서도 하나님이 그들에게 직접 비전을 허락하셨다는 사실을 잊어버리고 앞날을 알기 위해 예언자들을 찾아 돌아다니는 것을 볼 때 애석한 마음을 금할 수 없다. 예언자는 당신의 비전을 확인시켜 줄 수는 있다. 그러나 그들이 당신에게 비전을 주는 것은 아니다. 그것은 오직 하나님만이 하실 수 있는 일이다. 그리고 하나님은 당신이 하나님의 음성에 귀를 기울이고 순종할 때 당신에게 비전을 보여주신다. 하나님은 이렇게 말씀하신다. "나의 책망을 듣고 돌이키라 보라 내가 나의 영을 너희에게 부어주며 내 말을 너희에게 보이리라" 잠 1:23. "곧 내가 나의 법을 그들의 속에 두며 그들의 마음에 기록하여" 렘 31:33. 하나님은 성령을 통하여 우리 안에 그분의 생각을 넣어 주신다. 우리가 해야 할 일은 하나님이 우리의 마음과 정신에 허락하신 것에 귀를 기울이고 순종하는 것이다.

**비전은 단순한 관심사가 아니다**

비전이 하나님으로부터 온 것인가를 구별하는 한 가지 방법은 비전을 행하기 위한 진정한 소원을 가지고 있는지, 아니면 한순간의 관심사인지를 판단하는 것이다. 어떤 일에 관심을 가지긴 하나 그것을 실천하고자 하는 참된 열정이 없는 경우가 있다. 하지만 열정이 있다면, 적극적으로 추진하여 비전이 실현되도록 노력할 것이다. 무엇을 하거나 어떤 인물이 되고자 하는 일에 단순히 관심을 보이는 99명의 수동적인 사람보다 비전을 가진 한 사람이 훨씬 더 위대하다는 사실을 기억하라.

**비전은 어떠한 환경에서도 지속된다**

참된 비전을 식별하는 또 다른 방법은 크나큰 장애가 닥쳐와도 개의치 않고 꿋꿋하게 당신의 꿈을 지탱해 나가는 것이다. 많은 사람이 자신의 꿈에 관해 이렇게 말한다. "아니야, 내가 그런 일을 한다는 것은 무리야."

하지만 비전이 진정 하나님께로부터 나온 것이라면, 어떠한 어려움이 오더라도 계속해 나가야 한다. 그러므로 만일 당신에게 하나님으로부터 온 진짜 비전이 있다면, 그것을 지속시켜 갈 수 있는 투지를 계발해야 하는데 그것은 다음 장에서 자세히 이야기하도록 하겠다.

**비전은 이타적이다**

참된 비전은 또한 이타적이다. 비전의 목적은 하나님의 나라가 이 땅에 임하게 하는 것이며 사람들을 하나님께로 돌이키게 하는 것이다. 그러므로 비전은 언제나 인류를 도와주거나 다른 사람들을 세워가도록 하는 데 초점을 맞추어야만 한다. 이것은 하나님이 결코 가족을 희생하면서까지 당신의 비전을 추구하도록 강요하시는 법이 없다는 의미다. 내가 무척 아끼는 한 친구가 집회에 참석했는데 예언자로 추정되는 사람이 그에게 다가와 하나님이 그에게 어떠한 삶을 원하시는가를 알려주었다. 이후 그 친구가 나에게 와서 그 예언자의 말에 대해 어떻게 생각하는지 묻길래 이렇게 대답해 주었다. "그 예언에 대해 기도해 봅시다. 시간을 가지고, 상담을 해보고, 그런 다음 그 예언에 대한 하나님의 뜻을 발견하도록 합시다." 그러나 그는 이미 그 예언을 따르기 위해 가족을 남겨 두고 다른 나라로 가버렸다. 그것이 진정 하나님의 목적이었을까?

그가 이 예언을 좇아갔을 때, 그의 아내는 당황했고 자녀들은 혼란스러워하고 분노했다. 그는 가족 관계를 파괴하고 거기에 따르는 온갖 종류의 문제를 일으키고 있었다.

만일 당신의 비전을 추구하는 것이 가족에게 불화를 조성한다면 모든 것을 멈추고 그 상황에 대해 진지하게 기도하고 자신의 심령을 살펴보아야 한다. 식구들과 함께 이야기를 나누고 그들의 말도 들어보아야 한다. 당신의 비전을 추구해 나가는 방식이 사랑하는 사람들의 삶을 파괴해서는 절대로 안 된다. 비전에는 언제나 상대를 불쌍히 여기는 마음이 수반되어야 한다. 당신의 목표를 향하여 나아갈 때, 누군가에게 상처를 입히는 일이 없도록 세심하게 신경을 써야 할 필요가 있다.

또한 참된 비전은 대기업 설립, 호화로운 저택, 멋진 승용차와 같은 식으로 다가오지 않는다. 이런 것들은 목표가 될지언정 비전은 아니다. 사실상 그것들은 이기적인 야망일 것이다. 왜 그런가? 이런 목표들은 하나님의 나라가 아닌 당신의 왕국을 건설하기 위한 것이기 때문이다. 자기 중심이 아니라 하나님 중심으로 물질을 바라보아야 한다. 인생을 사치스럽게 꾸며주는 도구가 아니라 비전을 성취하기 위한 하나님이 공급하시는 자원으로 바라보아야 한다.

### 비전은 당신을 만족시키는 유일한 것이다

진정한 비전을 알 수 있는 또 다른 방법은 그것이 당신에게 참된 만족을 주는 유일한 것인가 하는 것이다. 많은 사람이 직장 생활에 흥미를 느끼지 못한다. 매일같이 자신이 싫어하는 일만 하고 있기 때문이다. 그것은 당신이 하도록 계획된 일이 아니다. "사람마다 먹고 마시는 것과 수고함으로 낙을 누리는 그것이 하나님의 선물인 줄도 또한 알았도다" 전 3:13. 우리가 즐거운 마음으로 일을 하는 것이 하나님의 소원이다. 그러나 이 즐거움은 올바른 일을 할 때에만 생길 수 있다. 그러므로 하나님의 꿈을 따르기 전까지는 삶의 보람을 느끼지 못할 것이다. 잠언 19장 21절에는 이런 말이 있다. "사람의 마음에는 많은 계획이 있어도 오직 여호와의 뜻만이 완전히 서리라." 당신이 아무리 바삐 움직여 어떤 일을 이루고자 하여도, 그것이 하나님이 원하시는 일이 아니라면 끝까지 성공적으로 완수해 낼 수 없을 것이다. 참된 성공은 당신이 이루어내는 공적이 아니라 하나님이 시키신 그 일을 하는 것이다. 거대한 프로젝트나 엄청난 명예를 세우는 사람들이 성공을 거두지만 동시에 허탈감을 느끼는 이유가 바로 여기에 있다.

당신은 목적과 다른 길을 가면서도 그것은 개인적인 일이니 다른 사람과는 상관없다고 생각할 수 있다. 그러나 그것은 단지 일신상의 문제로 그치는 것이 결코 아니다. 만약 당신이 가서는 안 될 곳으로 가거나 혹은 가야 할 곳이 정해져 있는데도 그 길을 거절한다면 다른 사람들의 삶까지도 망가뜨릴 수 있다. 성경에 나오는 요나의 이야기를 기억하는가? 하나님은 요나에게 니느웨로 가서 백성에게 경고하여 그들을 하나님께로 돌이키게 하라는 사명을 주셨다. 그러나 요나는 "저는 못가겠습니다!"라고 거부하며 오히려 배를 타고 다시스로 향했다. 하나님은 요나 선지자가 태어나기도 전에 그를 니느웨로 가게 할 계획을 세워 놓으셨다. 니느웨로 가도록 계획되어 있는 요나가 다시스로 가는 배를 탔을 때 그것은 하나님이 원하시는 일이 아니었다. 만일 당신이 타고 가서는 안 될 배를 타고 간다면 다른 사람들까지도 문제 속에 빠뜨리게 된다. 요나의 경우, 그가 탔던 배는 극심한 풍랑으로 침몰할 위기를 맞았다. 그는 하나님의 손길이 그 상황에 개입하고 계심을 알았기에 선원들에게 자기를 바다 위로 내던지면 풍랑이 잠잠해질 것이라고 말했다. 그의 말대로 하자 풍랑은 정말 잠잠해졌다. 그 순간 하나님은 큰 물고기를 예비하셨다가 요나를 삼키도록 하셨는데, 그것은 요나가 스스로 하나님이 주신 소명을 받아들일 때까지 그를 바다로부터 보호하기 위해서였다 욘 1-2장 참조.
나는 당신이 배를 잘못 타지 말고 하나님의 목적대로 행선지를 잘 따라가기를 바란다. 어쩌면 당신은 지금 물고기 배 속에 있는지도 모른다. 하나님이 당신을 위해 계획해 놓으신 그 일로 돌이키게 되면 마른 땅을 찾아 다시 되돌아올 수 있다.

**비전은 전적으로 하나님과의 관계를 필요로 한다**

많은 사람은 하나님과의 관계가 확실하지 않기 때문에 하나님이 그들에게 주신 비전을 깨닫지 못한다. 참된 목적을 볼 수 있으려면 그 이전에 하나님과의 관계가 반드시 회복되어야만 한다.

그리고 하나님은 그분의 뜻과 목적을 당신의 삶 속에서 구현하기 위하여 그리스도를 통한 구원을 준비해 주셨다. 하나님은 이렇게 말씀하신다. "나는 너에게 허락한 것, 즉 네가 감당해야 할 사명을 절대 잊지 않을 것이다. 나는 너의 유익을 위하여 너를 구원할 것이다. 너를 통하여 이루고자 하는 것을 회복할 것이다." 하나님이 우리를 그분께로 회복시키심으로, 우리는 창세 전부터 우리에게 향하신 그분의 뜻을 이룰 수 있다. 다시 성경을 보자. "우리는 그가 만드신 바라 그리스도 예수 안에서 선한 일을 위하여 지으심을 받은 자니 이 일은 하나님이 전에 예비하사"엡 2:10. 우리는 선한 일을 했기 때문이 아니라 선한 일을 해야 하는 목적 때문에 구원을 받았다.

즉, 우리는 지상에서 우리의 비전을 성취하라고 구원받았다. 만일 구원의 목적이 단지 우리가 천국에 가는 것이라면 하나님의 계획을 성취하는 데는 오랜 시간이 걸리지 않을 것이다. 만일 우리가 즉시 천국에 오기를 원하신다면 하나님은 우리를 구원하셔서 바로 죽음에 이르도록 하실 것이다. 그러나 하나님은 우리가 이 땅에서 친히 우리에게 허락하신 목적을 이루기 원하신다. 그것이 바로 하나님이 우리를 구원하시고, 성결케 하시고, 지금도 이 땅에 살도록 허락하시는 이유다.
참된 비전은 항상 하나님의 본성과 성품에 일치하기에 우리는 하나님과의 교제와 성경 말씀을 통하여 참된 비전을 분별하는 방법을 배우게 된다. 성경은 이렇게 말씀한다. "하나님 아는 것을 대적하여 높아진 것을 다 무너뜨리고"고후 10:5. 이 구절은 생각에 관해서 말하고 있다. 다음 부분을 읽어보자. "모든 생각을 사로잡아 그리스도에게 복종하게 하니"고후 10:5. 하나님은 결코 성경에 역행하는 생각을 당신에게 허락하시지 않을 것이다. 그런 일은 불가능하다. 그러므로 그분의 말씀에 반대되는 생각은 무엇이든지 내던져야 한다.

### 공동체의 비전과 개인의 비전

비전을 이해하는 다섯 번째 열쇠는, 그것이 개인의 비전인 동시에 공동체의 비전이라는 것이다. 개인의 비전은 항상 더 큰 공동체의 비전 속에서 발견된다. 하나님은 개인에게 비전을 허락하셔서 그 비전을 그룹과 서로 나누고 그들에게 전달하도록 하신다. 공동체의 비전 안에서 개인적인 비전을 달성할 수 있는 여건을 발견하기 때문에 그다음에는 그룹의 멤버들이 개인의 비전을 이루어 간다.

모세는 이스라엘 백성을 이끌고 약속의 땅으로 들어가라는 비전 때문에 고심했다. 여호수아는 그 비전에 자극을 받아서 약속의 땅을 소유하게 되었다. 다윗은 하나님의 백성을 정착시키겠다는 비전에 매진했다. 느헤미야는 예루살렘의 성벽을 재건하라는 비전에 사로잡혔다. 모든 경우에 비전은 궁극적으로 그것을 관철시킬 수 있는 자에게 주어졌으며, 받은 자는 그 비전을 사람들에게 전달해야 할 책임이 있었다.

### 협력으로 비전을 이룬다

한 개인이 자신의 목적과 은사를 의식하기 시작하면 종종 그는 이것을 자기만의 독자적인 소명으로 해석한다. 하지만 개인의 비전은 더욱 넓은 비전의 테두리 안에서 태동되며 그것은 또한 더 큰 목적이라는 맥락에서 성취된다는 사실을 깨달아야만 한다. 공동체의 목적을 성취하기 위하여, 더 큰 비전을 실현시키기 위하여 하나님은 많은 사람의 개인적인 은사와 독특한 비전들을 결합시키신다. 하나님은 당신이 시간, 에너지, 자원 및 능력을 투자하여 당신의 비전과 연결되어 있는 더욱 큰 비전의 일부를 감당하기를 원하신다.

차는 엔진의 모든 부품들이 함께 작동할 때에만 달릴 수 있다. 비록 각 부품마다 개별적인 기능을 가지고 있다 해도, 차를 움직이려면 서로 다른 부품에게 종속되어야 한다. 지금까지 이루어진 위대한 일 가운데 단 한 사람의 힘으로만 성취된 것은 없다. 비전을 성취하려면 많은 사람이 필요하다.

예를 들어, 마틴 루터 킹 박사는 자신의 비전을 성취하는 과정에서 많은 사람의 지지와 도움을 받았다. 우리는 모두 킹 박사의 이름을 안다. 그러나 그의 목적 달성에 크게 기여한 다른 사람들에 대해서는 거의 들어보지 못했다. 그들의 도움이 없었다면 킹 박사는 비전을 성취할 수 없었을 것이다. 마찬가지로 우리는 이스라엘 백성 간에 재판과 분쟁을 조정하기 위하여 모세를 도와주었던 사람들의 이름을 알지 못한다. 그러나 모세가 하나님께 받은 사명인 이스라엘 백성을 인도하는 일에 그들은 없어서는 안 될 필수요원들이었다. 그들은 자기에게 맡겨진 일에 최선을 다했다. 그들은 재판을 집행해야 했고, 사람들의 질서와 치안을 담당해야만 했다. 개인적인 비전을 받은 사람은 모세였다. 그러나 공동체의 비전을 실현시키기 위해서는 이 모든 사람의 도움이 필요했다 출 18:13-26 참조. 하나님은 공동체의 성공을 원활히 하기 위하여 사적인 목적과 비전을 결합시키실 것이다.

사람들이 개인의 비전과 공동체의 비전의 관계를 이해하지 못했거나 받아들이지 못하면 문제가 생길 수 있다. 그룹의 구성원들이 최초로 비전을 받았던 사람보다 열등하다고 생각하거나, 혹은 지도자가 구성원들보다 더 중요하다고 생각한다든지, 혹은 구성원들 중에 한두 명이 당을 지어 더 큰 비전을 가지고 있는 사람을 몰아내기를 원한다면 문제가 발생하게 될 것이다. 모세의 경우에는 후자에 속한 것으로 그의 누나와 형인 미리암과 아론이 문젯거리가 되었다. 하나님은 그들 모두를 다 지도자로 임명하셨다.민 6:4 참조. 하지만 모세가 비전을 받은 최초의 인물이었고, 하나님이 직접 만나서 이야기를 하신 당사자도 바로 모세였다. 미리암과 아론이 모세를 시기하게 되어 그의 역할을 박탈하고자 했을 때 지도자 그룹에서 분쟁이 일어났다.

하나님은 개인적인 야망이 아니라 그분의 목적을 우선시한다는 사실을 미리암과 아론에게 생생한 교훈으로 각인시켜 주셨다.민 12:4-15 참조.

우리는 공동체의 비전을 함께 나누는 사람들과 협력하는 태도를 지녀야만 한다. 당신의 비전을 성취하려면 더욱 큰 목적 안에서 다른 사람에게 복종할 수 있는 태도가 필요하다. 그것은 당신의 상관과 동료들과 생산적인 방법으로 협력 사역을 해나가야 한다는 뜻이다. 당신은 공동체의 지도자들을 깎아내리거나 시기로 인해 비전을 방해하는 행동을 해서는 안 된다. 또한 당신만 혼자 빠져나와 자기 마음대로 공동체의 비전을 성취하려는 시도도 허용하지 않는다.

**비전을 이끌어 내는 법**

우리는 개인과 공동체 간의 비전에 대한 관계를 이해함으로써 하나님이 사람들의 꿈을 이루어 가시는 중요한 방법을 알게 될 것이다. "사람의 마음에 있는 모략은 깊은 물 같으니라 그럴지라도 명철한 사람은 그것을 길어 내느니라" 잠 20:5. 누구나 다 마음속에 비전을 가지고 있지만 명철한 사람이 꿈, 목적, 비전을 끌어내어 실현시키게 된다. 명철한 사람은 자신의 영혼 깊은 곳을 살피면서 자신이 꿈꾸고 생각하고 있는 것을 끌어낸다. 그는 자신의 소원과 생각에 생명력을 부여하여 그것들이 이루어지도록 도와줄 것이다.

어떤 과정을 통해 이런 일이 일어나는가? 하나님이 지도자에게 비전을 주신 이후, 당신은 이런저런 연유로 그 지도자와 접촉을 하게 된다. 지도자는 당신에게 공동체의 비전을 제시하게 되는데 당신은 그 비전에서 자신의 비전을 성취할 가능성을 발견하게 되고 동참하고 싶은 열정을 느끼게 된다. 하나님이 당신의 삶에 공동체의 비전을 보여주시는 것은 하나님이 이미 당신에게 허락하셨던 비전에 불을 붙이는 것과 같다. 공동체의 비전을 이끌어가는 지도자는 당신이 가진 열정, 꿈, 은사 및 달란트를 활용할 수 있도록 도와줄 것이다.

어떤 의미에서 이것이 바로 내가 이 책을 통하여 이루고자 하는 바람이다. 당신의 비전에 불을 붙이는 것이 나의 소원이다.

전에도 언급했듯이, 나의 비전은 내가 만나는 모든 사람을 감동시켜 그들 속에 숨겨진 리더십을 이끌어 내는 것이다. 지도자가 될 수 있는 당신의 가능성을 자극하고 일깨워서 당신의 마음속에 있는 비전을 이루도록 하는 것이 나의 비전인 동시에 소망이다. 아마 당신의 내부에서 이미 어떤 일이 시작되었는지도 모른다. 당신은 생각의 변화를 시도하고 있는가? 꿈꾸기 시작했는가? 전에는 한 번도 생각하지 못했던 것을 믿게 되었는가? 그렇다면, 당신은 이미 당신의 삶을 위한 비전을 붙드는 단계에 돌입한 것이다.

당신의 비전을 궁극적으로 실현시킬 수 있는 공동체의 비전은 회사, 교회, 비영리단체, 혹은 가족의 비전을 통해 나타날 수도 있다. 이때 당신의 비전과 관련된 이야기가 들려오면 반드시 귀 기울여야 한다. 그것이 당신이 혼신의 힘을 기울여야 할 비전이 될 수도 있기 때문이다. 사업이나 공동체의 프로젝트를 조직하는 경우에 당신 자신에게 공동체의 비전이 주어질 수도 있다. 하지만 개인이 받은 비전이라고 해서 혼자 힘으로만 해결하는 것은 아니다. 만약 당신과 내가 동일한 공동체 비전을 공유하게 된다면 나는 당신의 비전이 필요하고 당신은 내 비전이 필요하다. 그러므로 함께 협력해야 한다.
내가 속한 단체의 스텝들과 조직원들은 우리의 비전에 참여

하여 각자의 역할을 감당하고 있다. 나의 역할은 멤버들 개개인의 꿈을 일깨우는 것이고 그들의 역할은 내 꿈에 불을 붙이는 것이다. 우리가 상대방의 비전에 불을 붙일 때, 거룩하신 하나님의 뜻이 총 집산되어 활활 타오르기 시작한다. 비전은 비전을 낳는다. 꿈은 언제나 다른 꿈에 불을 붙인다.

낙담될 때마다, 나는 언제나 큰 꿈을 가진 친구들에게 전화를 한다. 어느 날 피터 모건에게 전화를 하자, 그가 내 목소리를 듣고는 무슨 일이냐고 물었다. "그저 너와 얘기를 나누고 싶어"라고 하자 무슨 일이 있는지 재차 물었다. "아니, 아무것도 아니라니까. 그냥 나에게 이야기만 해 줘." "그게 무슨 말이지?" "몇 마디만이라도 좋아. 너의 인생을 어떻게 꾸려 나갈지 말해 줘. 너는 어디로 가고 있는지 말해 줄 수 있겠니? 비전을 추구하는 사람이 나 혼자만이 아니라는 사실을 확인하고 싶어."

당신은 주변에서 당신보다 더욱 원대한 포부를 지닌 자들을 찾아야 한다. 그래야 당신의 비전을 계속 분발시켜 나갈 수 있다. 가끔 우리 주변에는 정신차리고 아무것도 하지 말라는 충고를 하는 사람들이 있다. 그러나 지혜로운 사람은 당신 속에 있는 깊은 우물에서 꿈을 길어 올려서 당신이 비전을 향하여 참된 진보를 이룰 수 있도록 도와줄 것이다.

## 비전의 원리

1. 비전은 목적에서 유래한다.
2. 하나님은 목적을 가지고 모든 피조물과 인간을 창조하셨다.
3. 하나님은 당신의 마음속에 그분의 영원한 목적을 허락하셨다.
4. 당신은 적절한 시기에 태어나서 목적을 이루도록 되어 있다.
5. 당신의 목적은 하나님 안에서 이미 완성되어 있다.
6. 당신이 태어나서 무엇을 성취해야 할지를 알고 이해할 때 그것이 바로 목적이 된다. 당신이 믿음의 눈으로 목적을 바라볼 수 있을 때 그것이 비전이 된다.
7. 비전은 과거의 경험을 기초로 하여 미래를 예견하는 통찰력이다.
8. 비전은 하나님과 그분의 목적에 관한 것이다.
9. 당신은 이미 자신의 비전을 알고 있다. 비전은 당신을 떠나지 않는 끊임없는 생각과 당신 안의 깊은 소원으로부터 멀리 벗어나지 않는다.
10. 비전을 가진다는 것은 단순히 무언가에 관심을 가지는 것 이상이다. 그에 대한 현실적 바람과 열정을 가지는 것이다.
11. 어떠한 역경 가운데도 비전은 존속할 것이다.
12. 비전은 이타적이다.
13. 비전을 통해서만 참된 성취감을 맛보게 된다.
14. 비전은 하나님과의 관계가 절대적으로 필요하다.
15. 개인의 비전은 언제나 더 큰 공동체의 비전 안에서 발견된다.
16. 동일한 비전을 가지고 있는 공동체의 구성원들은 그 일을 이루기 위해서 조화롭게 힘을 합쳐야만 한다.
17. 비전은 비전을 낳는다.

# 비전을 방해하는 장애물 극복

> 평범한 사람은 북쪽으로는 타협, 남쪽으로는 우유부단,
> 동쪽으로는 과거의 생각, 서쪽으로는 비전이 결핍된 지역에 둘러싸여 있다.

**3장**

비전의 원천을 이해하는 것이 비전 성취 과정의 첫 번째 단계다. 그다음 단계는 비전의 계획을 무산시킬 수 있는 장애물을 예상하는 것이다. 만약 이런 장애를 미리 인식할 수 있다면 극복할 수 있는 준비를 하게 될 것이다.

대다수의 사람들은 북쪽으로는 타협, 남쪽으로는 우유부단, 동쪽으로는 과거의 생각, 서쪽으로는 비전이 결핍된 지역에 둘러싸여 겉으로는 평안하게 살아간다. 이번 장은 평범한 삶에서 벗어나 특별한 영역으로 옮겨가는 방법을 알려줄 것이다.

## 비전의 본질을 이해하지 못함

비전의 중요한 특징은 구체적이라는 것이다. 비전을 추구하는 사람들이 실패하는 가장 중요한 원인은 성공의 목표를 분

명히 밝히지 않는 데에 있다. 사람들은 무슨 일로 성공하고 싶은지를 모르기에 실패한다. 열심히 일을 하는데도 낙담하고 실망하는 이유는 대개 어느 쪽으로 가야 비전을 성취할 수 있을지 모르기 때문이다. 이렇게 비전을 펼치지 못하는 것은 특별한 목표를 겨냥하지 못할 때 일어나는 현상이다.

당신과 내가 이런 식으로 말을 주고받는다고 생각해 보자. "우리 한번 만날까요?" "좋습니다. 어디서요?" "아, 언제라도 좋아요." "음, 그렇다면 당신은 언제 만나기를 원하세요?" "아무 때라도 좋습니다." 이런 식으로 나간다면 실제로 만날 수 있는 기회는 찾아오지 않는다. 비전은 일반적이거나 모호한 것이 아니라 구체적이어야 한다.

### 비전, 목표, 사명의 차이에 대한 오해

내가 사람들에게 "당신의 비전은 무엇입니까?"라는 질문을 하면 대부분은 이런 식으로 대답한다. "나는 커다란 집을 짓고, 차를 몇 대 가지고, 멋진 가정을 꾸밀 거예요." "나는 결혼하고 싶어요." "언젠가 식당을 경영하려고 합니다." 이런 것은 비전이 아니라 목표다.

목회자들에게 같은 질문을 할 때도 대개 다음과 같은 답변을 듣게 된다. "나의 비전은 내가 사는 전 도시를 그리스도에게로 인도하는 것입니다." "나의 비전은 모든 사람에게 복음을 전파하는 것입니다". "우리의 비전은 사람들을 훈련시켜서 선교 사역을 하도록 하는 것입니다."

위에 있는 답변들은 하나같이 비전이 아니다. 이것은 모두 사명이다. 비전으로 보기에는 너무 일반적이다. 비전과 사명은 관계가 있긴 하지만 같은 것은 아니다. 거기에는 분명한 차이점이 있다. 사명은 비전을 품은 마음을 떠받치는 것이다. 사명은 목적을 개략적으로 진술하는 것으로 당신이 성취하고 싶은 전반적인 아이디어를 선포하는 것이다. 사명은 실제적이며 구체적인 것이 아니라, 철학적이며 추상적이다. 이와 반대로, 비전은 매우 정확한 진술이다. 그것은 상세하며, 구체적인 동시에, 당신에게 꼭 알맞은 것이다.

교회들을 예로 들어보자. 2000년 전에 이 땅에 오신 예수님은 자기를 따르는 무리에게 "온 천하에 다니며 만민에게 복음을 전파하라"는 사명을 맡기셨다.막 16:15. 이것이 바로 예수님이 분부하신 가장 지엄한 명령이다. 이것이 교회가 서로 연합하여 함께 이루어 나가야 하는 '공동 사명'이다. 그것은 또한 그리스도인 모두의 사명과 같다. 신실한 교회치고 모든 사람에게 복음을 전파하며, 사람들을 하나님께로 인도하고, 사람들을 세워서 다른 사람들을 가르치기를 원하지 않는 교회가 어디 있겠는가? 그러므로 교회가 온갖 수고를 다하여 잃어버린

영혼들을 인도하는 것을 자신들만의 특별한 비전으로 생각한다면 그것은 비전에 대한 생각이 잘못되어 있는 것이다. 그것은 그 교회의 사명이다. 각 교회는 하나님이 허락하신 특별한 강조점이나 접근 방식을 통하여 사명의 한 부분을 감당해야 한다. 이와 동일한 일반적인 원리가 개개인이나 회사 및 다른 기관에도 똑같이 적용된다.

언젠가 한 여성을 상담한 적이 있었다. "먼로 박사님, 저에게 비전이 있는데요, 신발 가게를 열려고 해요." "좋은 일이지요. 그런데 무슨 문제가 있나요?" "이 주변에는 이미 다른 신발 가게가 많이 있어요. 하지만 주님은 제가 반드시 이 사업을 해야 한다고 말씀하셨어요." "당신은 어떤 종류의 신발을 팔려고 하는데요?" "아동용 신발만 취급하려고 해요." 그 말을 듣고 나는 그녀에게 이렇게 말해주었다. "그렇다면 당신은 확실히 비전을 이해하고 있군요. 다른 가게들은 온갖 종류의 성인용 신발을 취급하고 있기 때문에 당신의 가게는 돋보일 것입니다. 아동용 신발을 원하는 사람들은 다른 가게를 지나쳐서 곧장 당신을 찾게 될 테니까요."

사명과 비전의 차이점을 정말로 이해한다면 당신은 시기와는 담을 쌓게 될 것이다. 끊임없이 어깨 너머로 당신과 동일한 사명을 가진 사람들이 무엇을 하는지 엿보느라고 당신의 목적에서 벗어나는 일은 없을 것이기 때문이다. 교회의 비유로 돌아가 보자. 만일 누군가가 남의 교회 바로 옆에 교회를 건축한다면 큰 싸움이 일어날 수 있다. 먼저 있던 교회는 이렇게 말할 수 있다. "이것은 내 영역이다. 하나님이 나에게 이 지역을 허락하셨다. 당신은 다른 곳에 교회를 개척하라." 두 교회 성도들은 서로를 시기하면서 싸움만 일삼고 서로를 깎아내리다가 끝장을 볼 것이다. 교회들이 각자의 비전을 이해하지 못할 때 일어나는 현상이 바로 이런 것이다.

하지만 자신의 비전을 발견한다면 경쟁할 필요가 없기 때문에 다른 사람을 시기할 이유가 없어진다. 나는 매우 구체적인 방식으로 이 사실을 경험했다. 어느 날, 바하마에 있는 맥도널드 체인점 사장과 함께 길을 걸어가고 있었다. 우리가 이야기하고 있을 때 켄터키 프라이드치킨 체인점 사장과 우연히 마주치게 되었다. "여기는 어쩐 일이세요?" 그는 내 친구 쪽으로 몸을 돌리면서 말했다. "오늘 같이 점심을 먹기로 해서 왔습니다." 그들이 어디서 식사를 할까 궁금했기에 나도 동석하기로 결정했다. 그들은 피자 가게로 갔다.

나는 함께 피자를 먹으며 그들이 이야기하는 모습을 관찰하다가 이런 질문을 했다. "실례합니다만, 당신들은 서로 경쟁하는 사이가 아닌가요?" 그들은 둘 다 아니라고 대답했다. 나는 이상해서 그게 무슨 말이냐고 다시 물었다. 내 친구의 답변을 들어보라. "저 분은 내가 파는 물건을 팔지 않아요. 나 역시 그가 파는 상품을 팔지 않고 말입니다. 그런데 어떻게 우리가 서로 경쟁이 될 수 있겠어요?" 나는 또 질문을 했다. "그건 그렇다 치고 왜 식사를 하러 굳이 피자 가게로 오셨습니까?" 다른 한쪽이 대답했다. "우리 둘 다 햄버거나 치킨을 먹고 싶은 생각이 없었어요. 피자가 먹고 싶었거든요!"
세 곳 모두 음식 서비스업을 하고 있지만 각기 다른 음식을 제공한다. 이들을 통해 사업체, 조직, 교회, 개인들마다 참된 비전의 본질을 배울 수 있다.

나는 유명한 목사님들이 사역하고 있는 대형 교회에서 강의를 할 기회가 종종 있다. 때때로, 나는 그런 교회들이 사용하고 있는 접근 방법이나 해결책을 눈여겨본다. 사람들이 어떤 사역에 이끌리는가를 알게 되면 나 역시 그런 목회자들을 모방하고 싶은 유혹을 느낀다. "나도 저렇게 하도록 노력해야지. 그러면 더욱 많은 성도를 얻을 수 있을 거야." 하지만 당장 주님으로부터 책망을 듣게 된다. "감히 그런 생각은 집어 치워라." 만일 내가 다른 사람들을 모방한다면 하나님이 나에게 허락하신 특별한 목적과 비전을 성취할 수 없게 된다. 우리는 각자 자신의 비전에 충실해야만 하며 하나님이 맡겨

주신 비전을 가지고 자신의 성공을 평가해야 한다. "나는 하나님의 분부대로 일을 하고 있는가?"

## 소원에 대한 생각만 있을 뿐 행함이 없음

사람들이 구체적인 비전을 가지지 못하는 또 다른 이유는 그들이 마음에 품은 소원을 가지고 생각만 한다는 점에 있다. 그들은 '언젠가' 무언가를 하고 싶다는 막연한 생각에서 넘어서지 못하고 있다. 하지만 꿈을 꾸는 것은 비전의 시작일 뿐이다. 우리는 단순한 소원이 아니라 의지를 가져야 한다. 상황이 더 나아지기를 소원하는 것이 아닌, 구체적인 결단을 해야만 한다. 예를 들어, "대학에 가고 싶다!"라고 말만 할 것이 아니라, 특정 대학 몇 군데에 지원하라. "살을 빼면 얼마나 좋을까!"라고 말만 할 것이 아니라, 목표 체중을 정해서 식단을 짜고 운동을 시작하라. 결정을 내려서, 실행 단계에 돌입하라.

인생에 있어서 성공과 실패는 피부색에 달려 있는 것이 아니다. 정말로 문제가 되는 것은 사람들이 살아가는 인생의 색이다. 어떤 이는 '회색' 인생을 살아간다. 그런 사람들에게는 삶의 정확한 방식이 없다. 그들은 목숨이 붙어 있으니 살아가는 것이고 자기 인생에 무슨 일이 일어나든지 방관하고만 있다. 아직도 많은 사람은 자신이 누구인지, 무슨 일을 해야 하며, 현재 하고 있는 일의 의미를 정확히 알지 못한다. 정말로 가슴 아픈 현실이다. 하나님은 우리에게 많은 것을 투자하셨다. 그런데도 우리가 소원을 품기만 하고 행함이 없이 생을 허비하고 있는 것을 보시면 하나님의 마음이 어떠하실까? 하나님은 우리가 비전이라는 단단한 땅 위에 굳게 서기를 원하신다.

**우유부단하게 살아감**

많은 사람이 비전에 대한 구체적인 형태를 그리지 못하는 이유는 인생에서 하고 싶은 일이 무엇인지를 결정하지 못하기 때문이다. 우유부단한 태도가 계속되면 비전을 죽이게 되고 곧 인생은 삭막해진다. 이 세상에서 가장 비참한 사람들은 어떤 일에 대해서 도무지 결정을 내리지 못하는 사람들이다. 이런 사람들의 상태를 성경은 잘 표현하고 있다. "두 마음을 품어 모든 일에 정함이 없는 자로다"약 1:8. 우유부단한 태도는 인생의 모든 영역에 부정적인 영향을 미친다. 우유부단한 사람은 흔들리는 땅 위에 발을 딛고 있으므로 안정감이 없다.

사람들은 시장에 나가기 전 미리 사야할 품목을 정하면서도, 자기 인생을 두고는 무슨 일을 하고 싶은지 리스트를 작성하는 경우가 거의 없다. 1장에서 언급했듯이, 당신을 포함한 많은 사람이 수년 동안 무언가를 해야겠다는 결정을 내리려고 고심하면서도 아직까지 확실한 결정을 내리지 못하고 있을 것이다. 경우에 따라서 불확실함, 두려움, 혹은 실패 때문에 그들 스스로 꾸물대고 있다. 하지만 결정을 내리지 못하면 계속해서 쫓기는 인생을 살게 될 것이다.

나는 이 땅에 태어나서 하나님이 분부하신 일을 이루는 데 헌신했다. 수년 전에 나는 하나님의 말씀과 내가 감당해야 한다고 들려주신 나의 비전만 바라보기로 결단을 내렸다. 이와 같이 나는 내 자신의 두려움이나 다른 사람의 의견보다는, 하나님의 목적과 원리들을 통하여 내가 어떤 사람이 되어서 무엇을 해야 하는가를 결정하게 되었다. 예수님이 친히 자신의 비전을 세워 두신 것처럼 나 역시 내 비전을 세워 두고 있다. 성경은 이렇게 말씀한다. "예수께서 승천하실 기약이 차가매 예루살렘을 향하여 올라가기로 굳게 결심하시고"눅 9:51. 예수님은 목적을 이루고자 결심하셨을 때 자신의 얼굴을 '부싯돌 같이 굳게' 하셨다사 50:7. 부싯돌은 가장 단단한 돌이다. 이 비유는 예수님이 십자가로 나아가겠다고 결정하신 목표에서 벗어나기에는 때가 너무 늦었음을 말한다. 예수님은 자신의 비전을 이루기로 마음을 정하고 결정하셨다.

당신도 이런 식으로 살아가는가? 그 일이 무엇이든지 간에, 당신이 결단을 내려서 끝까지 따르기로 결정한 일이 있는가? 당신은 현재의 인생을 꾸려간다는 차원을 넘어서서 비전에 전력을 다하고 있는가?

**변명 늘어놓기**

때때로 우리는 무엇을 해야 하는지 알면서도 실천에 옮기지 않는다. 오히려 이런 식으로 변명만 늘어놓는다. "인생이 조금 더 정리된다면" "좀 더 확신이 섰을 때" 혹은 "좀 더 기도해 보고 결정할 거야."

호수에서 풍랑을 만난 두 어부에 대한 이야기가 있다. 폭풍이 너무 사납게 몰아치자 아무것도 보이지 않았다. 한 사람이 말했다. "우리에게는 두 가지 선택밖에 없어. 기도를 하거나 노를 저어야 해. 어느 쪽을 택해야 하지?" 그러자 상대방이 대답했다. "두 가지 다 하자!" 당신도 이런 식으로 살아가야 한다. 당신이 무엇을 해야 하는지 생각만 하지 말고 "노를 저어 가자"고 외쳐야 한다. 무서워도 계속 노를 저어야만 한다. 기도하는 중이라도 목적지를 정해놓아야 한다. 그러면 하나님은 당신이 가야 하는 방향으로 인도하실 것이다.

비전을 끝까지 관철해 나가는 데 어려움을 겪는 또 다른 부류는 소위 '시작하는 데는 프로급'인 사람들이다. 그들은 항상 무슨 일을 저지른다. 그러나 한 번도 끝을 보지 못한다. 예를 들어, 책을 읽어도 끝까지 보는 법이 없다. 그러면서도 새 책을 또 읽기 시작한다. 무슨 일이든 미완성으로 끝내면 그것이 감정의 올무가 되어 다른 프로젝트도 끝을 보지 못하도록 용기를 꺾어버린다. 어떤 일을 해도 용두사미로 끝난다는 생각이 당신의 인생에 꼬리표처럼 항상 따라 다니게 된다.

### 균형만을 추구

어떤 사람들은 그들의 인생이 균형을 잃을까 염려되어 특별한 목표에 집중하기를 원하지 않는다. 그들이 하는 말은 이런 식이다. "나는 정말이지 특별한 일을 추구하고 싶은 생각이 없어요. 그렇게 되면 다른 선택이 막혀버리니까요. 너무 편협한 사람이 되고 싶지 않거든요." 그들이 균형이라고 부르는 것의 정체는 결정을 내리지 못하는 것에 대한 변명일 뿐이다. 그들은 결국 평범한 보통사람으로 인생을 마감할 것이다.

참된 균형은 목적지를 향하여 움직이며 평정을 유지하는 것이다. 이 진리에 대한 좋은 예는 배가 항해하는 방식이다. 배는 언제나 균형을 유지해야 한다. 그러나 배가 물 위에서 균형을 잡는 일에만 신경을 쏟느라 조금도 앞으로 나아가지 못하고 있다면 귀중한 시간과 연료만 소비하는 결과를 낳는다. 어떤 사람들은 65년, 75년, 90년이란 세월을 균형 잡는 삶으로 살아갈 수도 있다. 하지만 균형 그 자체가 목적이 아니다. 균형 잡기는 목적에 대한 수단이다. 배는 특정 항구로 가면서 균형을 유지해야 한다. 마찬가지로 우리에게는 삶 속에서 균형을 유지하며 계속 전진해 나갈 목적지가 있어야만 한다.

## 모든 일을 하려고 애씀

사람들이 특별한 비전을 가지지 못하는 일반적인 이유는 너무 많은 일에 손을 대려고 하기 때문이다. 그들의 문제는 처음에 주저하는 것이 아니라, 너무 많은 것을 시도하려고 덤벼드는 것이다. 비록 끊임없이 무슨 일을 구상한다 해도 끝까지 해내는 일이 없기에 실제로 이루어내는 일은 하나도 없다.

왜 이런 일이 일어나는가? 사람들은 인생의 중요한 목표를 바삐 움직이는 것이라고 착각하기 때문이다. 하지만 이런 사고방식은 함정이다. 바쁜 것과 일의 성취가 반드시 비례하는 것은 아니다. 바쁘게 산다는 것이 꼭 특정한 목적지를 향하여 움직이고 있다는 것을 뜻하지는 않는다.

나는 다음과 같은 중요한 진리를 배우고서야 우유부단한 태도와 성과 없는 분주함에서 해방될 수 있었다. "나는 모든 것을 다 하기 위해서 지음받은 것이 아니다." 이 문구를 당신 사무실이나 혹은 집안에 붙여놓으면 좋을 것이다.

우리는 이 세상에서 부딪히는 여러 문제에 관심을 기울이기 쉽다. 하지만 당신이 노력한다고 해서 주변의 모든 필요가 다 충족되지도 않고 누군가를 도와주는 데도 효과적이지 않다.

당신의 눈에 비치는 사회의 모든 문제를 당신 혼자 감당할 수는 없다. 당신이 살고 있는 지역의 모든 문제점을 당신이 다 해결할 수도 없는 노릇이다. 이런 현실 때문에 당신은 하나님으로부터 부여받은 특별한 비전을 따라가야만 한다. 당신은 모든 필요가 아니라 특정한 필요를 채우도록 계획되었다. 하나님은 어떤 목적을 위하여 당신을 창조하셨으며 당신은 그 목적에 시선을 집중하도록 되어 있다. 이 목적은 당신을 독려해서 당신이 동참해야 할 가장 중요한 것에 계속 집중하도록 한다. 어떤 경우에는 하나님이 다양한 방식으로 당신을 지목해서 다른 사람들을 도우라고 하실 때도 있다. 그러나 당신이 도맡아서 처리할 수 있는 것보다 더욱 곤란한 일은 언제나 산재해 있기에, 수십 가지의 곤궁한 일 때문에 마음이 분산되어서 엇길로 나가서는 안 된다는 것을 유의해야 한다.

### 재주가 많아서 주체하지 못함

어떤 사람은 재주가 너무 많아 여러 일에 관여하다 보면, 그것이 문제가 되는 경우도 있다. 이들은 자신들의 비전을 추구하지 못한다. 은사에 대한 잘못된 오해는 재주가 많고 똑똑한 사람들이 인생에서 빛을 보지 못하고 성공하지 못하도록 한다. 어떤 사람들이 하는 말을 들어보자. "저에게는 너무 많은 은사가 있어서 정작 제가 무엇을 사용해야 할지 모르겠습니다. 저는 그 모든 은사를 계발하고 싶은데요." 그 결과 어느 하나도 능숙하게 계발해 내는 은사가 없다. 나도 너무나 많은 것에 관심이 있다. 나는 교사이자, 목회자, 강사, 그리고 저술가다. 나는 그림도 그릴 수 있고, 조각도 하며, 음악을 작곡하고 연주할 수 있다. 그러나 인생을 효율적으로 살기 위하여 특별한 몇 가지 은사에만 집중해야 한다.

당신에게 이런 질문을 하고 싶다. "모든 것을 다하면서 성공한 사람을 본 적이 있는가?" 헬렌 켈러, 피카소, 마리 퀴리, 타이거 우즈, 테니스 챔피언들인 세레나와 비너스 윌리엄스, 빌 게이츠, 테레사 수녀와 같은 사람들을 생각해 보자. 이 사람들은 하나같이 한두 가지 일을 유능하게 해냈다. 그리고 그것이 인생의 자원이 되어서 성공을 이루게 되었으며 세계를 무대로 뻗어나가게 되었다.

당신이 아는 사람 중에도 많은 재주를 가지고 있어서 성공할 최상의 기회가 보이는데도 평생 아무런 일도 해내지 못하는 사람들이 분명히 있을 것이다. 모든 일에 손을 대고 싶은 유혹에 빠지지 않도록 조심해야 한다. 한두 가지 은사에 집중하여 그것들을 세워 가라. 그때 다른 은사들은 절로 따라올 것이다. 하나님은 당신에게 주신 은사를 허비하시는 분이 아니다.

### 비전의 대가를 인식하지 않음

비전 성취를 방해하는 두 번째 장애물은 비전 성취에 대한 대가를 인식하지 못하는 것이다. 사람들이 오해하고 있는 한 가지는 성공하는 사람들이 날 때부터 그렇게 태어났다고 믿고 있는 점이다. 실제로 성공은 매달 계획을 세워서 얼마씩 지불해 나가는 할부 개념과 유사하다. 성공은 하나의 과정이다. 첫 술에 배부른 사람이 없듯이 오늘은 약간의 성공을 이루고 내일이면 조금 더, 그리고 다음에는 더 많은 것을 이룬다.

비전의 한 가지 대가는 근면이다. 모든 인간은 꿈을 꾼다. 하지만 그중에 몇 명만이 잠을 떨치고 일어나서, 열심히 일을 하여 그들이 꿈꾸는 성취감을 맛보게 된다. 종종 비전의 대가를 인식하지 못하여 비전 성취에 따르는 비용을 지불하지 못하는 이유는, 인생은 마음대로 되는 것이 아니므로 우리가 인생을 바꿀 수 있는 길은 전혀 없다며 미리 포기하기 때문이다.

### '불운'을 탓함

만약 지금까지 살아오면서 하는 일마다 운이 나빴다고 생각하며 자신은 운이 없는 인간이라고 자책했다면, 당신은 비전을 이루어가는 데 필수요소인 '부단한 노력'을 기울이지 않은 것이다. 당신은 자신의 인생이 정말 지긋지긋하다고 생각할지도 모른다. 이런 변명은 목표를 성취하고자 하는 소원을 무너뜨리며 인생 전체를 망가뜨릴 수 있다. 당신은 자신의 과거가 당신에 대한 색깔을 규정짓거나 외적인 요인들이 당신을 제한시키는 것은 아니라는 사실을 깨달아야만 한다.

## 외부의 영향력을 탓함

어떤 사람들은 자신이 비전을 이루지 못한 책임을 다른 사람의 탓으로 돌린다. 아마도 부모가 대학에 보내줄 여건이 되지 못해서 신세를 망쳤다고 한탄하는 사람도 있을 것이다. 예상보다 아이를 빨리 낳아서 어쩔 수 없이 꿈을 포기해야만 했다고 생각하는 사람도 있다. 그러나 굳이 그것 때문에 비전이 수포로 돌아가란 법은 없다. 만일 당신에게 간절히 원하는 것이 있다면, 그것을 손에 넣을 때까지는 인내해야 한다. 비록 예정대로 일이 진행되지 않더라도, 당신이 누군가의 행위나 욕구의 희생자라는 잘못된 감정에 휩싸여서는 안 된다.

하나님은 당신의 배경이나 실수에도 불구하고 여전히 당신의 삶을 위한 특별한 계획과 목적을 가지고 계신다. 당신이 지금까지 무슨 일을 했든지 간에, 하나님은 당신을 창조하여 어떤 인물로 만들고 무슨 일을 맡겨야 할지 계획하신 그 일을 완수하실 때까지 쉬지 않으신다.

"온갖 좋은 은사와 온전한 선물이 다 위로부터 빛들의 아버지께로부터 내려오나니 그는 변함도 없으시고 회전하는 그림자도 없으시니라" 약 1:17. 이것은 하나님이 어떤 분이신가를 설명해주는 중요한 구절이다. 하나님은 은사를 주시는 분이며 그 은사를 한 번 허락하신 이상 절대로 바꾸시지 않는 분임을 알 수 있다. 하나님은 당신에게 무엇을 맡기셨든지 간에 당신이 그것을 가지고 사용하는 것을 보고 싶어 하신다. 하나님은 모든 사람에게 좋은 은사를 주시는 선한 분이다.

당신이 이 땅에서 하나님으로부터 부여받은 사명보다도 실패에 대하여 더 크게 생각하는 것은 완전히 오산이다. 하나님은 다시 회복시키시며 새롭게 변화시키시는 분이다. 하나님의 목적과 비전을 당신 안에 회복시켜 달라고 간구하라.

흔들리는 대로 호수 이 끝에서 저 끝으로 떠도는 삶이 되어서는 안 된다. 역경의 바람은 예상외로 강하게 불어 닥칠지 모른다. 그러나 하나님이 허락하신 당신의 비전은 당신의 인생을 받쳐주는 닻이 될 것이다.

**비전 성취에 필요한 원리를 모름**

비전 성취를 방해하는 세 번째 장애물은, 비전 성취에 필요한 원리를 모른다는 것이다. 비전을 성공적으로 이룬 자들은 자신들의 비전을 대충 이루지 않는다. 그 대신에 경험상 비전을 실현시킬 수 있는 확고한 원리를 따라 운영해 나간다. 이 책의 2부에서는 개인의 비전 성취에 필요한 12가지 원리를 설명하고 있다. 또한 의욕을 가지고 원리를 실천해 나갈 때 당신의 비전을 이루어 나갈 수 있는 확실한 방법들을 제시하고 있다.

# 비전의 원리

1. 비전의 성취를 방해하는 중요한 세 가지는 다음과 같다.
   ① 비전의 본질을 이해하지 못한다.
   ② 비전의 대가를 인식하지 못한다.
   ③ 비전의 원리를 알지 못한다.
2. 비전은 구체적이어야 한다.
3. 사명은 목적을 개략적으로 진술하는 반면, 비전은 매우 정확한 진술이다. 상세하며, 구체적인 동시에, 당신에게 꼭 알맞은 것이다.
4. 비전의 성공을 가름하는 척도는 다른 사람들이 하고 있는 일이 아니라 하나님이 당신에게 맡기신 일이다.
5. 꿈을 꾸는 것은 비전의 시작일 뿐이다. 상황이 더 나아지기를 소원하는 것이 아니라, 우리는 각자의 삶을 변화시키기 위한 구체적인 조치를 감행해야만 한다.
6. 우유부단한 태도는 비전을 죽이는 것이며 삶의 기쁨을 빼앗아 간다.
7. 비전에 대해 계속적으로 기도하면서 당신의 삶을 향한 목적지를 설정한다면 하나님은 당신이 가야만 하는 곳으로 인도하실 것이다.
8. 당신에게 여러 가지 은사와 재능이 있다면, 그중 한두 가지를 집중적으로 발전시켜라. 힘을 분산시키지 마라.
9. 당신의 과거는 당신을 한정짓지 않으며, 외적인 요인도 당신을 규제하지 않는다.
10. 하나님은 당신의 배경이 무엇이든 지금까지 당신이 어떤 실수를 저질렀든지에 관계없이 당신의 삶을 위한 분명한 계획과 목적을 가지고 계신다.

## 2부

## 비전 성취를 위한 12가지 원리

"너희를 향한 나의 생각을 내가 아나니 평안이요 재앙이 아니니라 너희에게 미래와 희망을 주는 것이니라"렘 29:11. 하나님은 우리를 향한 계획을 가지고 계시며 그 계획이 성취되기를 원하신다. 그러나 이를 위해서 우리는 하나님의 인도를 따라야만 한다. 하나님은 여호수아서 1장을 통하여 그분의 계획을 성취하는 데 필요한 해결책을 제시해 놓으셨다. 모세가 죽었을 때, 여호수아는 이스라엘의 지도자로서 백성을 가나안 땅으로 인도할 책임이 있었다. 마침내 하나님은 여호수아에게 이렇게 말씀하셨다. "이제 모세가 죽었다. 그러나 너에게는 엄청난 비전이 있다. 지금이야말로 너의 목적을 성취할 때이다."

여호수아에게 처음으로 들려주시는 여호와의 음성은 그분의 말씀에 순응하는 것이었다.

> 오직 강하고 극히 담대하여 나의 종 모세가 네게 명령한 그 율법을 다 지켜 행하고 우로나 좌로나 치우치지 말라 그리하면 어디로 가든지 형통하리니 이 율법책을 네 입에서 떠나지 말게 하며 주야로 그것을 묵상하여 그 안에 기록된 대로 다 지켜 행하라 그리하면 네 길이 평탄하게 될 것이며 네가 형통하리라(여호수아 1:7-8).

하나님은 여호수아에게 과업의 완성을 보장하셨는데 그것은 모세가 계명에 순종한 것처럼 그도 하나님의 계명에 순종해야 한다는 조건에서다. 하나님은 여호수아에게 모세의 인생을 문자적으로 모방하는 것이 아니라 모세가 사역을 하며 사용했던 원리를 따르라고 말씀하신 것에 유의하라. 마찬가지로 당신은 비전을 가진 자들의 확고하고도 성공적인 원리들을 따라갈 수 있으며, 또한 그렇게 해야 한다.

다음에 나오는 '비전 성취에 필요한 12가지 원리'는 비전을 가진 자들이 지금까지 사용해 온 것으로, 당신의 꿈을 보호하고, 보존하며, 보증하기 위해 고안되었다. 만약에 이런 원리들을 숙지할 수 있다면 당신은 겨우 목숨을 부지하는 생존 방식을 넘어 모든 장애를 극복하고 비전을 실현하게 될 것이다.

하나님은 결코 당신을 실패자로 창조하지 않으셨다. 하나님은 당신을 다듬어 성공자로 만들어 가실 것이다. 만일 지금까지 실패한 인생을 살았다면, 원인은 당신이 성공 궤도를 벗어났기 때문이다. 하나님의 구원은 당신이 비전을 성취할 수 있는 능력까지도 회복시켜 주신다.

'비전 성취에 필요한 12가지 원리'는 당신이 목표지점을 발견하여 끝까지 완주할 수 있도록 도와줄 것이다. 이 원리들은 개인적인 것도 은밀한 것도 아니다. 그것들은 성경과 비전을 꿈꾸는 자들의 확고한 삶을 통하여 확실하게 분별할 수 있으며 역사적으로 증명된 것이다. 예수님도 친히 이 원리를 단계별로 사용하셔서 그분의 구원 사역을 성공적으로 완수하셨다. 당신은 이 원리들을 회피하거나 무시할 수 없다. 만약 이 원리들을 간과한다면 당신에게는 인생의 비전을 성취할 기회가 좀처럼 찾아오지 않을 것이다. 그러나 세심하게 이 원리들을 실천에 옮긴다면 당신은 멋진 성공을 이루어 낼 것이다.

# 원리 1# 분명한 비전을 세우라

우리의 인생은 비전의 인도를 받아야 한다.

**4장**

　　비전의 첫 번째 원리는, 당신의 삶에 분명한 목적이 있어야 한다는 것이다. 유능한 지도자들이나 역사에 등장하는 위인들은 모두 분명한 인생의 목적이 있었다. 하나님은 아브라함에게 가나안을 보여주시면서 "저것이 너의 비전이다. 너는 후손들을 그곳으로 데리고 가야 한다"라고 말씀하셨다. 나는 인생에서 비전의 인도를 받아야 한다는 사실을 강조하지 않을 수 없다. 왜냐하면 그것이 당신의 꿈을 성취하는 유일하고도 가장 중요한 열쇠이기 때문이다. 당신은 자신의 삶을 이끌어갈 개인적인 비전을 가져야 한다. 당신은 이 비전을 확실히 붙들어야 하는데, 그렇지 않다면 목표의 부재로 어떤 일도 이루어 내지 못할 것이다. 예수님은 수많은 사역을 감당하시면서도 자신의 비전을 확고히 지키셨다.

세상이란 너무나 분주한 곳이기 때문에 분명한 목적이 없다면 세상의 온갖 잡다한 일로 방해받게 될 것이다. 그러나 삶에 분명한 목적이 있다면, 여러 가지 세상일로 마음이 분산될 염려는 없을 것이다.

**존재의 의미와 이유**

대학에서 교육학을 전공할 당시, 필수과목으로 생물학을 들어야 했다. 인체의 신경계와 순환계통, 뼈의 구조와 뇌세포들 및 인체가 어떻게 작용하는가에 관한 내용을 상세히 배웠는데 나는 그 공부가 무척 흥미로웠다. 학년 말에 A학점을 받고 인체에 대해 많은 것을 배웠다고 자부하고 있는데 갑자기 이런 생각이 떠올랐다. "자, 이제 너는 인체가 어떤 모양인지 알았다. 그렇다면 인체가 왜 그런 모양을 하고 있는지 그 이유를 알고 있는가?" 교육은 우리에게 지식을 전달하지만 언제나 우리에게 이유를 설명하지 않는다.

나는 그때 인생의 열쇠는 자신이 누군지를 알아야 할 뿐 아니라 존재의 이유도 알아야 함을 깨달았다. 만약 존재 이유를 알지 못한다면 살면서 닥치는 위험들에 지혜롭게 대처할 수 없을 것이다. 그러므로 당신은 자신이 어떤 인물인지, 즉 당신의 재능과 장래의 계획뿐만 아니라 하나님 안에서의 출생의 목적을 인식해야 한다.

곤란하지만 중요한 질문 몇 가지를 하려고 한다. 당신은 그동안 직업을 몇 번이나 바꾸었는가? 대학에서 전공과목을 계속해서 바꾸고 있는가? 지겹거나 만족하지 못해서 잠시 이 일을 하다가 또 다른 일에 손을 대는 일이 부지기수인가? 그렇다면 그 원인은 당신에게 비전이 없다는 데 있다. 당신은 지루하거나 만족스럽지 못한 인생을 살도록 창조되지 않았다. 지난 세월 동안, 나는 하나님이 한 주에 특별한 날을 허락하셔서 비전을 향하여 좀 더 많은 일을 할 수 있게 해달라고 기도해 왔다. 또한 나는 늦은 아침까지 잠자리에 누워 있을 수 없었다. 이유가 무엇일까? 나에게는 나를 열정적으로 몰아가는 비전이 있기 때문이다. 잠언 6장 10-11절 말씀을 보자. "좀더 자자, 좀더 졸자, 손을 모으고 좀더 누워 있자 하면 네 빈궁이 강도 같이 오며 네 곤핍이 군사 같이 이르리라." 게으른 인간들은 비전이 없는 인생들이다.

당신은 인생의 방향을 결정해야 하며 그런 다음에는 단호하고도 성실하게 실행에 옮겨야 한다. 집 짓기, 스포츠카 사기, 은행에 백만 달러 저축하기 등은 비전이 아닌 목표임을 기억하라. 목적과 비전은 당신의 존재와 관계가 있어야 한다. 하나님이 허락하셔서 당신이 살아 있는 동안 이루라고 분부하신 목적이 무엇인지는 분명히 알아야 한다. 그것이 없다면 당신이 하는 모든 일은 그저 생존을 위한 것에 불과할 것이다.

### 직업과 비전의 차이

나는 느헤미야의 인생을 단순히 일을 하는 것과 분명한 목적을 가지는 것과의 차이를 통해 명백히 보고자 한다. 느헤미야는 페르시아 왕인 아닥사스다의 술 관원이었다 1:11. 이는 왕과 왕의 귀빈들을 위한 술 시중뿐만 아니라 독약의 여부를 확인하기 위해 왕의 술을 먼저 시음하는 매우 중요한 직책이었다. 그 직책은 왕궁에서 최고의 직위에 속했으며, 존경과 신임을 받았고, 왕에게 영향력을 행사하는 참모의 자리였다.

그러나 느헤미야의 마음은 다른 일에 사로잡혀 있었고, 그렇게 남들이 부러워하는 직위에도 관심이 없었다. 느헤미야는 바벨론 사람들이 포로로 끌고 왔던 수많은 유대인 후손 가운데 한 사람이었다. 바벨론 사람들은 나중에 페르시아에게 멸망 당했기 때문에 느헤미야는 페르시아 왕을 섬기게 되었다.

바벨론 포로 당시 예루살렘 성은 끔찍하게 파괴되었다. 그러나 70년 후에 바벨론이 페르시아에 멸망하자, 5만 명의 유대인은 유대로 되돌아가 성전을 재건축했다. 그다음 예루살렘 성벽을 재건하기 위해 노력했다. 그러나 그 일을 반대하던 사람들이 아닥사스다 왕에게 성벽 재건을 중단하라는 조서를 내리도록 하였고, 이로 인해 성벽 재건이 무산될 위기에 처해 있었다. 이때 느헤미야는 "예루살렘 성은 허물어지고 성문들은 불탔다"는 소식을 들었다 1:3. 그 소식은 느헤미야의 마음을 슬픔으로 몰아갔다. 예루살렘 벽이 허물어지고 모든 것이 다 파괴되었다는 소식을 들었을 때, 느헤미야의 마음 또한 무너지는 것 같았다. "앉아서 울고 수일 동안 슬퍼하며 하늘의 하나님 앞에 금식하며 기도하여"느 1:4.

### 당신이 해야 되는 일이란 태어나서 꼭 해야 하는 사명이다

나는 술 관원이라는 느헤미야의 일을 그의 예비 직업이라 생각하고 싶다. 왜냐하면 그는 훨씬 더 중요한 역할을 이루기 위해 태어났기 때문이다. 당신이 태어나서 감당해야 할 사명이 바로 당신의 본래 일이다. 직업은 당신이 비전을 성취할 준비가 될 때까지만 가지고 있는 일이다. 하나님은 느헤미야의 마음속에 성벽을 재건하라는 비전을 심어 주셨다. "내 하나님께서 예루살렘을 위해 무엇을 할 것인지 내 마음에 주신 것을 내가 아무에게도 말하지 아니하고"느 2:12.

느헤미야 2장 1절에는 이런 말씀이 나온다. "아닥사스다 왕 제이십년 니산월에 왕 앞에 포도주가 있기로 내가 그 포도주를 왕에게 드렸는데 이전에는 내가 왕 앞에서 수심이 없었더니." 여기서 암시하는 내용은 그가 성벽에 대한 소식을 듣기 전에는 자신의 일을 잘 해내고 있었다는 것이다. 그러나 조국에 대한 소식을 들은 후에 그는 성벽을 재건하고 싶었다.

그는 이 문제를 가지고 하나님께 계속 기도했고, 하나님은 돌아가서 성벽을 재건하라는 응답을 주셨다. 이것이 느헤미야의 인생을 이끄는 비전이었다. 그렇게 필생의 사역을 완수해야겠다는 소원이 생기자 그는 현재 하고 있는 일에 갈등을 느끼기 시작했다. 그는 왕에게 속한 몸이지만 성벽을 재건하려는 열망에 결국 얼굴에 수심이 가득하기 시작했다. 왕이 그에게 물었다. "네가 병이 없거늘 어찌하여 얼굴에 수심이 있느냐 이는 필연 네 마음에 근심이 있음이로다"느 2:2. 하나님이 당신에게 비전을 허락하시고 확정하시면, 아무도 그 일을 막을 수 없다. 또 당신의 뇌리에 박혀 그것을 행동에 옮기기 전까지 마음의 부담을 떨칠 수 없을 것이다.

당신이 정말로 해야 할 일, 즉 당신의 목적 때문에 현재의 일에 안주하기가 불편한가? 그것이 바로 느헤미야가 처한 형편이었다. 그는 자신의 비전에 착수하기 전까지는 마음 편할 날이 없었다. 자신의 소명이 무엇인지 알고 있는 사람들은 비전에 사로잡혀 있는 것처럼 보인다. 하나님이 그들에게 완수하라고 명하신 일들이 그들을 붙들고 놓아주지 않는다.

### 무엇을 하고자 하는가?

왕은 느헤미야의 슬픈 얼굴을 보고, 중요한 질문 하나를 했다. "네가 무엇을 원하느냐"느 2:4. 이 질문 못지않게 중요한 것은 느헤미야의 답변이다. "나를 유다 땅 나의 조상들의 묘실이 있는 성읍에 보내어 그 성을 건축하게 하옵소서"느 2:5. 느헤미야는 자신의 명확한 비전을 알고 있었다. 그리고 계획 또한 구체적이어서 왕으로부터 그 일을 완성할 수 있는 얼마간의 말미를 얻을 수 있었다. 당신도 자신에게 이 같은 질문을 던져볼 필요가 있다. "내가 진정으로 원하는 것은 무엇인가?" 당신은 삶에서 무엇을 정말 이루고 싶은가? 어떤 사람은 자기 잇속 차리는 일에만 몰두하기 원한다. 한편, 자기 인생이 은퇴와 함께 시작된다고 생각하는 사람도 있다. 그래서 이런 사람은 실제적으로 한평생을 놓쳐버리고 살아간다. 어떤 사람은 살 만한 집 한 채만 있으면 족하다고 생각한다. 그러나 일단 집을 구하게 되면 멋진 승용차에 욕심이 생긴다. 그다음에는 무엇을 원하겠는가? 자녀 가지기를 소원하지만 일단 자녀들이 생기면 그다음 소원은 무엇일까? 인생은 우리가 모으고 또 모은다 해도 항상 부족한 것이 생기게 마련이다.

누가복음 12장 15절에서 예수님은 이렇게 말씀하셨다. "사람의 생명이 그 소유의 넉넉한 데 있지 아니하니라." 주택, 승용차는 당신의 참된 비전이 될 수 없다. 심지어는 자녀들도 우리의 소유물로 취급하는 경우가 있는데 이것 역시 올바른 비전이라고 할 수 없다. 비전을 발견하려면 하나님의 나라에서 귀중한 것들과 우선시되는 것들이 무엇인지 고려해야만 한다. 비전은 당신이 죽고 난 후에도 존속할 수 있는 것으로 소유물보다 더욱 오래 지속되는 힘을 가지고 있어야 한다. 사람들의 삶이 당신의 비전으로 변화되어야 한다. 당신은 무엇을 하고 싶은가? 하나님이 오늘 당신에게 이 질문을 던지고 계신다. 그리고 당신은 하나님께 대답할 수 있어야 한다.

당신은 하나님의 질문에 어떻게 대답하겠는가? 먼저, 하나님이 허락하신 일이 무엇인지 기도로 아뢰어야 한다. 예루살렘에 있는 문제에 대한 느헤미야의 첫 번째 반응은 '하나님 앞에서 기도하는 것'이었다. 그는 하나님의 뜻을 이루고자 하는 열정을 가지고 있었다. 그래서 자신이 해야 할 일이 무엇인지 분명하게 인도해 달라고 하나님께 부르짖었다. 그는 마음속에 불타는 열정을 가지고 있었기에 그의 민족이 당한 문제를 담대히 알릴 수 있었다. 아마 당신도 이웃과 국가에서 일어나는 일들로 인해 좌절하고 있는지도 모른다. 당신은 변화를 보고 싶은 간절한 소원으로 기도하고 있지 않은가? "하나님, 국가의 상황이 좋지 않습니다. 우리의 이웃이 어려움을 겪고 있습니다. 우리의 결혼생활에 금이 가고 있습니다." 느헤미야는 하나님께로 나아갔으며 하나님은 그의 기도를 들으시고 그가 해야 할 일을 확실히 밝혀주셨다. 당신이 하나님의 소명을 받게 되면 그것이 바로 당신의 비전이 된다. 기도할 때 당신의 비전은 분명한 모습으로 다가올 것이다.

## 비전은 바람직한 미래상이다

당신의 비전은 현재에는 존재하지 않지만 장차 실현될 형상에 대한 명확한 모습이다. 그것은 바람직한 미래를 구상하는 강한 정신적 이미지다. 그러므로 비전의 사람은 현재의 상태를 넘어서 현실을 헤쳐 나간다. 따라서 비전을 가진 자는 현재의 모습으로 주저앉아서는 안 된다. 사실상 참된 비전을 가진 자는 언제나 현실에 안주하려는 사람들을 자극시킨다. 비전은 닫힌 문을 걷어낼 뿐 아니라 본질상 변화를 요구한다.

이것은 매우 중요한 포인트다. 대다수의 사람들은 상황과 위치가 유리한 상태에 있을 때에도 비전이 진행되고 있다는 사실을 깨닫지 못하는 경우가 있다. 때때로 하나님은 일이 잘 진행되는 경우에도 비전을 가동시키신다. 이유는 무엇인가? 하나님이 당신의 인생을 흔들면 당신은 자만하던 상태에서 깨어나 앞으로 나아가고 결국 성장하기 때문이다. 비전은 언제나 당신을 좋은 상태에서 더욱 좋은 상태로, 더욱 좋은 상태에서 최고의 상태로 인도하게 될 것이다.

미래에 집중하도록 하는 것이 비전의 본질이다. 때때로 사람들은 이렇게 말한다. "좋았던 옛 시절로 돌아가자." 그러나 우리가 그렇게 한다면 하나님이 우리를 위하여 계획해 놓으신

곳으로는 전혀 다가서지 못할 것이다. 과거를 기초로 일을 추진할 필요는 있다. 그러나 그곳으로 되돌아가서는 안 된다. 비전은 항상 미래지향적이다.

비전은 과거에 소유하던 것을 되찾는다는 의미가 아니다. 오히려 비전은 지금까지 한 번도 존재하지 않았던 시절을 만들어내려는 몸부림이다. 만일 비전을 추구하려고 한다면 좋았던 시절에 대한 전통과 기억들을 어떻게 현재에 사용할 것인지 생각해야 한다.

당신이 꿈꾸는 자로 살아가거나 어떤 비전을 품고 있다면, 끊임없는 연단 가운데에서 변화하게 될 것이다. 새로운 곳으로 가기 위해서는 새로운 위치로 이동해야만 하고, 사고방식 또한 새로워져야 한다. 그것은 때로 불안감을 일으킬 수 있다. 비전은 끊임없이 당신을 흔들어 대지만 비전의 다음 단계로 나아갈 수 있는 유연함과 기동성을 제공한다. 하나님과 동행하는 삶만이 당신을 계속 나아가게 한다. 이스라엘 백성이 광야를 지날 때, 그들은 말뚝을 박고 장막을 설치했다. 그러나 얼마 되지 않아 구름기둥이 떠오르면 다시 구름기둥이 인도하는 대로 따라가야만 했다. 하나님은 우리를 계속 움직이도록 해서 침체에 빠지지 않게 하신다. 명확한 비전은 우리에게 열정을 불어넣어서 계속 진보하는 삶으로 이끌어 간다.

## 비전의 원리

1. 당신은 삶의 분명한 목적을 가지고 있어야 한다.
2. 당신이 어떤 일을 해야 하는가를 아는 것뿐만 아니라 왜 존재하는가에 대한 이유도 알아야 한다.
3. 당신이 정말로 해야 할 일은 당신이 태어나서 이루어야 할 사명이다. 직업은 당신이 비전을 성취할 준비가 될 때까지만 하는 일이다.
4. 하나님이 당신에게 비전을 허락하시면 그 일을 행하기 전까지는 마음이 편치 않을 것이다.
5. 당신의 비전은 당신이 이 세상을 떠난 후에도 계속해서 존속할 수 있는 것이어야 한다.
6. 당신의 비전은 현재 상태로는 존재하지 않지만 장차 실현될 형상에 대한 명확한 초상이다. 그것은 바람직한 미래를 구상하는 강한 정신적인 이미지다.
7. 비전은 본질상 변화를 요구한다.
8. 비전은 상황과 위치가 유리한 상태에 있을 때에도 작동하고 있다.
9. 비전은 좋았던 옛 시절을 다시 붙잡으려는 시도를 하지 않는다. 오히려 비전은 지금까지 존재하지 않았던 시절들을 창조하려고 몸부림친다.
10. 하나님과 동행하는 삶을 살아가려면 당신은 계속해서 이동해야만 한다.

# 원리 2# 잠재력을 발견하라

**5장** 당신의 꿈을 발견할 때,
성취할 수 있는 능력 또한 발견하게 된다.

둘째로, 당신의 잠재력을 올바로 이해하기 전까지는 결코 비전을 이룰 수 없을 것이다. 당신의 잠재력은 하나님이 맡겨주신 사명에 따라 결정됨을 기억하라. 무슨 일을 하기 위해 태어났든지 간에, 당신은 그 일을 할 수 있는 준비가 되어 있다. 만약 다른 자원들이 필요하다면 역시 얼마든지 쓸 수 있도록 하나님이 허락해 주실 것이다. 하나님은 사명을 완수할 수 있는 자원을 공급해 주시지 않고 일을 떠맡기시는 법이 없다. 만일 이 원리를 이해한다면 다른 누구의 저지나 방해로 인해 당신의 비전이 중단되는 일은 없을 것이다.

우리는 각자의 잠재력을 인식하고 있어야만 한다. 잠재력은 숨겨진 능력이자, 사용되지 않고 있는 능력이며, 분출되지 않은 에너지다. 그것은 아직까지 이루어지지 않은 당신의 온전한 모습이다. 비록 당신이 아직은 자신의 참모습을 알지 못한다 해도 잠재력은 비전과 일치하는 당신의 실제 모습이다. 하나님은 당신을 창조하실 때 이미 놀라운 계획을 함께 가지고 계실 뿐만 아니라, 그 일을 할 수 있도록 필요한 능력과 자원 또한 공급해 주신다.

## 우리 안에서 역사하시는 능력

에베소서 3장 20절을 보자. "우리 가운데서 역사하시는 능력대로 우리가 구하거나 생각하는 모든 것에 더 넘치도록 능히 하실 이에게." 사람들은 이 구절을 여러 번 들어서 잘 알고 있다고 생각한다. 그러나 여기서 말씀하고 있는 내용의 의미를 다시 한번 정확하게 살펴보기로 하자. "우리 가운데서 역사하시는 능력(혹은 가능성)대로"라는 부분을 생각해 보자. 그분의 능력이 어디서 역사하실까? 그분의 능력이 하늘에서가 아닌 우리 안에서 역사하신다고 말한다! 하나님은 비전과 성령을 우리 안에 주셨으며, 거기에는 우리의 필요를 채우고도 남을 정도로 무한한 잠재력이 있다.

이 진리에 내포되어 있는 뜻은 무엇일까? 당신이 일을 성취하는 데 있어서 당신의 과거나, 혹은 용모와 같은 신체적인 요인 또는 어떤 부모님을 두었는가는 중요하지 않다. 오히려 그것은 당신 안에서 역사하시는 바로 그 '능력'과 관계가 있다. 그 능력은 당신 안에 살아 계시는 성령 하나님의 전능하신 능력이며 하나님이 당신에게 허락하신 비전 성취를 가능케 하는 힘이다. 하나님의 능력이 당신 안에서 실제로 역사하여 당신의 꿈을 이루게 한다.

이 성경 구절은 내가 목적하고 있는 여러 부분에 대해서 명확히 깨닫지 못하고 있던 시기에 나의 인생을 바꾸어 놓았다. 나는 하나님께 구하기만 하면 응답받는다는 신앙이념 속에서 성장했는데, 결과적으로 많은 것을 받지 못했다. 그때 내가 이해하게 된 것은 하나님은 결코 내가 구한 그 내용만 응답해 주겠다고 약속하신 적은 없었다는 점이다. 그 대신 하나님은 정말 특별한 것을 말씀하셨다. 하나님은 내가 간구하거나, 생각하거나, 혹은 상상할 수 있는 것 이상으로 '측량할 수 없을 정도로', '더욱 넘치게' 채워주겠다고 약속하셨다. 다시 말해서, 하나님이 당신을 위하여 행하시는 모든 것은 당신의 상상을 초월하는 것이다.

일단 이 진리를 이해하게 되자, 그것은 나의 관점을 바꾸어 놓기 시작했다. 지식으로만 알고 있던 나의 목적을, 비전을 동반하는 믿음으로 바꾸어 전진할 수 있도록 해 주었다. 예를 들어, 나는 마음의 눈으로 하나님이 나에게 허락하신 비전에 상응하는 '바하마 국제선교단체'를 위해 건축될 건물을 보고 있다. 상상 속에서 엘리베이터를 타고 호텔의 7층 꼭대기까지 올라간다. 나는 회의실에 앉아서 각국에서 모여든 지도자들과 면담을 나누고 있다. 집회 장소인 컨벤션 센터를 방문한다. 나는 하나님이 이 비전을 이루어주실 것을 믿는다. 그리고 이 비전의 완성을 위하여 하나님은 나의 상상을 뛰어넘어 훨씬 더 많은 계획을 가지고 계신다!

**꿈을 따라 여행을 떠나 보자**

하나님은 우리가 수시로 비전을 따라 여행하기를 원하신다. 당신은 어떤 상상을 하며 지내는가? 당신의 꿈을 따라 여행을 가 보라. 모든 곳을 다 찾아 다녀라. 그 꿈을 살피고, 꿈의 가치를 유의해 보라. 그다음에는 현실로 되돌아와서 이렇게 말하라. "하나님, 우리 그곳으로 가요!"

하나님은 예레미야에게 말씀하셨다. "내가 너를 모태에 짓기 전에 너를 알았고 네가 배에서 나오기 전에 너를 성별하였고 너를 여러 나라의 선지자로 세웠노라"렘 1:5. 하나님이 과거 시제를 사용하고 계심을 주목하라. 하나님은 이미 예레미야를 선지자로 구별하고 지명해 놓으셨다. 하지만 처음에 예레미야는 이렇게 반응했다. "나는 아이라 말할 줄을 알지 못하나이다"렘 1:6. 여기에 대해 하나님은 어떻게 책망하시는가? "그게 무슨 소린가! 만일 내가 너를 선지자로 세울진대, 말할 줄을 모른다는 그런 소리는 입 밖에도 내지 말라"렘 1:7.

일단 하나님이 예레미야에게 왜 그가 태어났는지 이유를 알려주시자, 예레미야는 자신이 해야 하는 일을 발견했다. 다시 말해서, 예레미야가 그의 비전을 이해하게 되자 그는 자신의 능력을 인식하기 시작했다. 하나님은 우리에게 무슨 일을 요구하시든지 간에, 우리가 그 일을 할 수 있도록 능력을 주신다. 하나님은 예레미야에게 하나님을 대변해서 말할 수 있는 능력을 주셨다. "여호와께서 그의 손을 내밀어 내 입에 대시며 여호와께서 내게 이르시되 보라 내가 내 말을 네 입에 두었노라"렘 1:9.

다른 사람들이 당신의 가능성을 판단하도록 해서는 안 된다. 다른 사람들은 당신의 목적을 볼 수 없을지도 모른다. 그러나 당신의 능력은 당신의 목적에 따라 결정될 것이다. 사실상 당신에게 따르는 책임은 '반응하는 능력', 즉 비전에 반응하는 능력이다.

## 당신은 자신의 목적을 이루기에 완벽한 존재다

당신에 관한 모든 것은 당신의 목적에 따라 결정된다. 하나님이 당신을 지으셨고, 계획하셨고, 거기에 합당한 올바른 기질을 주셨다. 당신의 천성, 성장 배경, 피부 색깔, 언어, 지위, 그 외의 모든 신체적인 특징은 당신이 비전을 성취하는 데 필요한 조건으로 만들어진 것이다. 당신의 목적을 이루기에 당신은 완벽한 존재다.

예를 들어, 나의 배경과 내가 성장해 온 계층의 기대치로 본다면 나는 현재 하고 있는 일을 도저히 해낼 수 없는 처지에 있었다. 마찬가지로 당신 역시 앞으로 할 일을 생각해보면 당신의 배경과 맞지 않을 수도 있다. 당신이 그 일을 해낼 수 있으리라고 믿지 못하는 사람들도 있을 것이다. 그러나 사람들이 무엇이라고 생각한들 그것이 무슨 상관이 있겠는가? 하나님이 당신에게 시키시는 일만 계속해서 따라가면 된다.

하나님은 우리에게 꿈을 주시되 낙망시키시는 분이 절대 아니다. 하나님은 꿈을 허락하셔서 평범한 상태로 살아가는 우리를 끌어 올리시고 우리의 참된 자아를 세상에 드러내신다. 하나님의 말씀을 깊이 연구하면 할수록 나는 하나님이 사람들을 지명하시고, 임명하여 구별하신다는 사실을 절실히 깨닫게 된다. 하나님은 우리들이 어찌할 바를 모르고 평범한 상태로 지내는 것을 원치 않으신다. 그러므로 하나님은 이렇게 말씀하셨다. "아브라함아, 나오너라. 모세야, 나오너라. 다윗아, 나오너라. 너희들은 모두 평범한 인생 가운데 길을 잃었다."

### 자신의 꿈에 순응할 때 잠재력이 드러난다

비전을 성취하는 능력은 자신의 꿈에 긍정적인 반응을 보이고 하나님께 순종할 때 분명히 나타난다. 술잔을 따라 올리는 느헤미야의 작업이 예루살렘 성벽을 재건하도록 그에게 능력을 준 것이 아니었다. 만일 느헤미야가 자신의 역량만을 바라보았다면 그는 결코 비전을 성취할 수 없었을 것이다. 하지만 하나님이 특별한 이유를 위해서 느헤미야에게 그런 직위를 허락하셨고, 느헤미야는 하나님을 신뢰한 가운데 자기에게 필요한 것을 공급받을 수 있었다. 현재 하고 있는 일 속에 당신의 필생의 과업을 위한 가능성이 어떤 식으로 감춰져 있을지 아무도 예측할 수 없다. 현재의 일이 앞으로 비전 성취에 필요한 자원들을 얻을 수 있는 길을 열어줄지도 모른다. 느헤미야는 왕의 신임을 받는 신하로서 영예를 누리고 있었으며, 하나님은 그런 느헤미야에게 왕으로부터 더욱 큰 은총을 받도록 허락하셔서 그의 비전을 성취할 수 있도록 도와주셨다. 하나님은 우리가 꿈을 실천해 나갈 때 우리의 잠재력을 드러내신다.

"네가 무엇을 원하느냐"느 2:4라는 왕의 질문에 느헤미야가 자신의 비전을 믿음으로 담대히 아뢰고 그 후에 그에게 능력과 이를 위한 자원이 생겨났다는 사실에 유의해 보자. 왕은 느헤미야에게 편지를 주어서 그가 예루살렘까지 안전히 통행할 수 있도록 해 주었으며 그에게 성벽을 재건하는 데 필요한 목재를 왕의 숲에서 채벌해 갈 수 있도록 허락했다. 프로젝트에 필요한 기본 비용까지 충당해 주었다. 더욱이 왕은 느헤미야를 유대 땅 총독으로 임명함으로써 느헤미야는 성벽을 재건할 수 있는 권한을 가지게 되었다. 느 2:7-10, 5:14 참조.

하나님은 씨를 통하여 나무가 번식하게 하셨다. 나무로 하여금 씨를 내도록 명령하신 것이다.

인생도 씨앗과 마찬가지다. 우리는 이미 우리 안에 내재되어 있는 잠재력을 통하여 우리의 비전을 성취하도록 태어났다. 하나님이 우리에게 비전을 허락하시는 것은 사실상 하나님이 우리 각자에게 이미 넣어두신 자원을 끌어내는 것에 지나지 않는다. 이것이 바로 당신의 마음속에 꿈이 있으면 당신이 어떤 일을 할 수 있는지 수시로 결정할 수 있는 이유가 된다. 꿈을 실현하기 위한 시발점으로 먼저 비전의 씨앗을 심는 것이다. 그다음에는 믿음으로 그것을 키워나가라. 그러면 당신의 비전은 충분히 무르익고 이 세상에서 많은 열매를 맺는 삶을 살게 될 것이다.

## 비전의 원리

1. 자신의 잠재력을 올바로 이해하기 전까지 당신은 결코 비전을 성공시킬 수 없을 것이다.
2. 당신의 잠재력은 하나님이 맡겨주신 사명에 따라 결정된다.
3. 하나님은 책임을 완수할 수 있는 능력을 주신다. 꿈을 발견할 때, 당신은 당신의 능력도 발견하게 될 것이다.
4. 하나님은 그분의 비전과 성령을 우리 안에 주셨으며, 거기에는 우리의 필요를 채우고도 남을 정도로 무한한 가능성이 있다.
5. 하나님은 우리가 간구하거나, 생각하거나, 혹은 상상할 수 있는 것 이상으로 '더욱 넘치게' 채워주실 것이다.
6. 하나님이 당신을 불러서 일을 맡기실 때는 반드시 준비를 해 두신다. 하나님이 무슨 일을 요구하시든지 간에, 우리가 그 일을 할 수 있도록 능력을 주신다.
7. 당신의 능력은 본인이 한계라고 생각하는 것에 따라 좌우되는 것이 아니다. 당신은 자신의 목적을 이루기에 완전한 존재다.
8. 우리에게 꿈이 주어졌다는 것은 우리 안에 이미 들어있던 것을 끌어내어 하나님의 능력을 통해 비전을 성취하라는 의미다.
9. 하나님은 사람들을 지명하시고, 임명하여 구별하신다. 하나님은 꿈을 허락하셔서 그런 우리를 끌어 올리시고 우리의 참된 자아를 세상에 드러내신다.
10. 비전을 성취하는 능력은 자신의 꿈에 순응하고 하나님께 순종할 때 분명히 나타난다.

# 원리 3# 구체적인 계획을 세우라

마음의 경영은 사람에게 있다.  **6장**

셋째로, 비전을 이루려면 분명한 계획을 가지고 있어야 한다. 계획 없는 미래란 있을 수 없다.

**하나님은 비전을 주시고 우리는 계획을 세운다**

내가 십 대에 주님을 영접하고, 겨우 2년밖에 되지 않았을 무렵이었다. 당시 나는 하나님이 도무지 나의 삶을 인도해 주시지 않는 것 같아 답답했다. 그래서 막연히 기다리면서 뜬눈으로 밤을 지새운 적도 있었다. 나는 이렇게 기도하곤 했다. "오, 여호와 하나님, 천사들을 보내주셔서 제 눈으로 직접 보게 해 주소서." 그러나 사방을 둘러보면 날아다니는 것은 모기들뿐이었다. 나는 하나님이 직접 나타나셔서 인도해 주시기를 너무나 간절히 원했다. 교회에서 찬송을 부를 때마다,

이런 가사만 나오면 더욱 큰 소리로 외쳤다. "내 평생 사는 동안, 나를 인도하소서! 나를 이끄소서!" 어느 날 이 찬송을 부르고 있을 때, 마치 하나님의 음성이 들리는 것 같았다. "너를 어떤 길로 인도할까?" 그때 깨달은 것은 만일 우리가 계획을 가지고 있지 않다면 하나님 편에서도 우리를 인도하실 특별한 방안이 없다는 것이다.

"마음의 경영은 사람에게 있어도 말의 응답은 여호와께로부터 나오느니라"잠 16:1. 이것은 매우 중요한 의미를 담고 있다. 이 구절을 의역하면 다음과 같이 표현할 수 있다. "나는 너에게 비전을 주었다. 이제 너는 종이를 꺼내서 계획을 세워 보아라. 그러면 내가 세세한 것들을 이루어 나갈 것이다." 잠언 16장 9절을 보자. "사람이 마음으로 자기의 길을 계획할지라도 그의 걸음을 인도하시는 이는 여호와시니라." 만일 계획이 없다면 하나님이 당신을 어떻게 인도하실 수 있겠는가?

"또 여호와를 기뻐하라 그가 네 마음의 소원을 네게 이루어 주시리로다"시 37:4. 이 구절에는 일단 당신이 바라는 쪽으로 구체적인 계획을 세운다면 하나님이 당신의 걸음을 지도하실 것이라는 의미가 포함되어 있다.

아이디어는 하나님이 인간의 마음속에 심어준 것으로 운명을 개척하고 지배하도록 하는 씨앗이다. 여러 가지 아이디어를 계발해 나가면, 그것들이 상상력의 산물이 된다. 거기에 물을 주고 가꾸어 나가면 그것이 계획이 되고, 마침내 그 계획대로 따라가면 그것은 현실이 된다. 아이디어를 소유하고 있다는 그 자체는 중요하지 않다. 아이디어가 실현되려면 거기에는 반드시 구체적인 계획이 있어야 한다.

젊은이들은 꿈이 당연히 이루어진다고 생각하곤 한다. 그러나 안타깝게도 수년 동안 허송세월을 보낸 후 뒤늦게 깨닫는 것은, 꿈은 그렇게 해서 이루어지지 않는다는 것이다. 계획이 없다면 어느 방향으로 움직여야 할지 도무지 방안이 서지 않는다. 지혜로운 사람은 먼저 세부사항을 계산해 보지 않고서 공사를 시작하는 법이 없다고 예수님은 말씀하신다.

> 너희 중의 누가 망대를 세우고자 할진대 자기의 가진 것이 준공하기까지에 족할는지 먼저 앉아 그 비용을 계산하지 아니하겠느냐 그렇게 아니하여 그 기초만 쌓고 능히 이루지 못하면 보는 자가 다 비웃어 이르되 이 사람이 공사를 시작하고 능히 이루지 못하였다 하리라(누가복음 14:28-30).

하나님도 친히 인간을 창조하실 때 계획을 가지고 계셨다. "모든 일을 그의 뜻의 결정대로 일하시는 이의 계획을 따라 우리가 예정을 입어 그 안에서 기업이 되었으니" 엡 1:11.

어떤 사람이 나에게 이런 말을 한 적이 있다. "당신은 언제나 어디론가 떠날 것만 같군요. 마음을 편하게 가져 보세요." 그 말에 나는 이렇게 대답했다. "나는 인생에 대해 깨달은 것이 있습니다. 내가 살고 있는 바하마에서는 넓은 바다에서 배를 타고 항해를 할 때 그저 뱃전에 앉아 편안한 자세를 취하고 있으면 자신의 의도와는 전혀 다르게 흘러가 버린답니다. 인생도 마찬가지예요." 너무나 많은 사람들이 인생이라는 물결에 대책 없이 자신을 떠내려 보내면서도 여전히 목표가 달성될 것을 기대하고 있다.

배에는 나침반이 있어서 항해사가 어느 방향으로 가는지 방향을 알려 준다. 또한 키가 있어서 키잡이가 방향을 조종할 수 있도록 한다. 그러나 선장이 배가 나아갈 특정 코스를 설정해 주어야만 목적지에 도착할 수 있다. 배가 항해하는 데에는 나침반, 키, 계획이라는 세 가지 요소가 모두 필요하다. 마찬가지로, 우리는 살면서 다양한 기회에 직면하게 된다. 그러나 전혀 계획이 없기 때문에 좋은 기회들이 다가와도 성과를 낼 수가 없다.

### 비전의 청사진

건축가가 공사를 할 때는 청사진을 사용한다. 그것은 자신의 비전을 위한 계획이자 건물이 완공된 모습이다. 건축가는 공사 현장에 항상 청사진을 들고 다닌다. 이유는 무엇인가? 공사가 정확하게 진행되어 가는지를 체크해야 하기 때문이다. 만일 인생을 위한 계획이 없다면 당신이 정상 궤도를 달리고 있는지 확인하고자 할 때 견주어 볼 자료가 전혀 없을 것이다. 그러므로 비전을 위한 청사진을 계발해야 한다. 그러면 그 시작을 어떻게 하면 좋을까?

### 나는 누구인가?

다시 말하거니와 당신은 "나는 누구인가?"라는 질문에 대해 정확히 답변하고 스스로에 대한 확신을 가져야만 한다. 비전에 대한 계획은 당신이 누구인가라는 지식과 직접적인 연관성이 있기 때문에, 여기에 대한 답을 내리기 전까지는 인생을 위한 계획을 작성하기가 곤란하다. 만일 하나님 안에서 본인의 정체성에 대한 분명한 이해가 없다면, 당신의 인생은 결코 참된 성공을 이루어 내지 못할 것이다. 많은 사람들이 자신보다는 타인이 원하는 대로 자신을 만들어 가고 있다. 그들은 아직도 다른 사람으로는 대치할 수 없는 독특한 자기만의 본모습을 발견하지 못한 자들이다. 그러나 본인의 참모습을 인식할 때, 당신은 자신의 인생에 대한 계획을 작성할 수 있는 용기를 얻게 된다.

## 나는 지금 어디로 가고 있는가?

그다음, "나는 지금 어디로 가고 있는가?"라는 질문에 답변을 해야만 한다. 일단 하나님의 목적을 알았다면 집중적으로 계획을 세울 수 있기 때문에 효율적인 계획 수립에 착수할 수 있게 된다. 비전을 붙들고, 구체화시키고, 작성하면 그것이 계획이 된다.

계획을 세우는 것은 사람들의 마음속에 남겨두시겠지만, 비전을 어떻게 성취하게 될 것인가에 대해서는 하나님이 상세하게 설명해 주실 것이다.잠 16:1, 9 참조.

나는 계획을 세우는 일에는 칼같이 정확한 사람이다. 나와 함께 일을 해본 사람이라면 누구든지 그 점을 이야기할 것이다. 나는 다음주, 다음달, 내년, 그리고 지금부터 5년 후에 무엇을 할 것인지 구체적인 계획을 세우고 있다. 사실 바하마 국제선교단체의 비전은 60년 혹은 70년 후의 일도 작성되어 있다. 그것도 상세하게 기록되어 있다. 그때쯤이면 나는 거의 110살이 되어 있을 것이고, 건물 주변을 이리저리 살피면서 이렇게 말할 것이다. "자네, 저것을 보게! 저곳에 있는 모든 학생들을 쳐다봐. 우리에게 건물 하나밖에 없던 시절이 기억에 선하네 그려. 이제 우리에게는 빌딩이 10채나 된단 말일세. 하나님께 영광을 돌리세!"

당신은 계획을 가지고 있는가? 다음주, 다음달, 내년, 그리고 지금부터 5년 후에 할 일이 무엇인지 알고 있는가? 다음 50년 후의 인생 계획을 나에게 보여줄 수 있는가? 하나님은 당신의 비전을 어떻게 성취할 것인지 설명해 주겠다고 말씀하신다. 그러나 당신이 그분과 대화를 할 만한 구체적인 이야깃거리를 가지기 전까지는 거기에 대한 토론을 할 수 없다고 말씀하신다.

당신의 꿈은 기록해 둘 만한 가치가 있다. 느헤미야가 예루살렘 성벽을 재건하려는 그의 비전을 작성해 놓은 방식을 유의해 보라.

> 내가 예루살렘에 이르러 머무른 지 사흘 만에 내 하나님께서 예루살렘을 위해 무엇을 할 것인지 내 마음에 주신 것을 내가 아무에게도 말하지 아니하고 밤에 일어나 몇몇 사람과 함께 나갈새 내가 탄 짐승 외에는 다른 짐승이 없더라 그 밤에 골짜기 문으로 나가서 용정으로 분문에 이르는 동안에 보니 예루살렘 성벽이 다 무너졌고 성문은 불탔더라 … 그 밤에 시내를 따라 올라가서 성벽을 살펴본 후에 돌아서 골짜기 문으로 들어와 돌아왔으나 방백들은 내가 어디 갔었으며 무엇을 하였는지 알지 못하였고 나도 그 일을 유다 사람들에게나 제사장들에게나 귀족들에게나 방백들에게나 그 외에 일하는 자들에게 알리지 아니하다가(느헤미야 2:11-13, 15-16).

느헤미야는 계획을 세우기 전까지는 아무런 행동도 개시

하지 않았다. 주변 정세를 탐지하는 동안에는 믿을 만한 사람 몇 명만 골라서 데리고 갔다. 왜냐하면 그 시점에서는 모든 사람이 다 그 계획에 손을 댈 수 있는 상황이 아니었기 때문이다. 계획을 짜는 동안에는 당신의 계획을 이해할 수 없는 사람들이 더러 있을 수 있다. 당신이 모든 사람에게 계획을 다 털어놓을 수 없는 것도 바로 이런 이유에서다. 모든 사람이 다 당신이 꿈꾸고 있는 것을 이해하지는 못할 것이다. 그러나 그런 것에 상관없이 당신은 자신의 꿈을 작성해 놓아야 한다. 굳이 그렇게 해야 하는 이유는 당신의 꿈은 기록으로 보관해 둘 만한 가치가 있기 때문이다. 만일 그것이 하나님이 주신 꿈이라면 작성해 놓을 만하다. 예를 들어, 어떤 일에 종사하기 위한 훈련으로 대학에서 공부를 하기 원한다면, 다음 10년 후의 계획을 작성해 놓는다. 계획표의 첫 장에 "이것은 지금부터 10년 후의 내 희망사항이다"라는 제목을 붙인다. 무슨 일을 이루거나 목적을 달성하려고 해도 계획을 세워서 이런 식으로 작성해 놓아야 한다. "몇 년까지 나는 _____ 할 것이다. 이것이 앞으로 내가 하고 싶은 것이다."

### 먼저 당신이 가진 것으로부터 출발한다

계획을 세운 후, 느헤미야는 그것을 다른 사람들과 나눌 준비가 되어 있었다. 그는 자신의 계획에 즉시 동참하여 실행할 만한 인물들과 이야기를 나누었다. "후에 그들에게 이르기를 우리가 당한 곤경은 너희도 보고 있는 바라 예루살렘이 황폐하고 성문이 불탔으니 자, 예루살렘 성을 건축하여 다시 수치를 당하지 말자"느 2:17. 느헤미야는 자신의 비전을 그들에게 분명히 밝혔다. 몇 명 안 되는 사람들을 데리고, 수천 명의 인원을 동원해야만 달성할 수 있는 거대한 프로젝트를 계획하고 있던 자는 오직 한 사람이었다. 겉으로는 불가능해 보이는 일이지만 그는 "시작하자"고 외치면서 그 일을 감행하고 있었던 것이다.

가능성의 원리를 기억하는가? 하나님이 당신의 나머지를 책임지시기에 당신에게 있는 것을 가지고 시작하는 것이 비전을 성공시키는 길이다. 계획을 세웠으면 실천에 옮길 수 있도록 현재 있는 그곳에서 바로 시작하여 목표 지점으로 갈 수 있도록 하라.

### 당신의 삶 속에서 역사하시는 하나님을 인정한다

두 번째, 느헤미야는 이렇게 말했다. "또 그들에게 하나님의 선한 손이 나를 도우신 일과 왕이 내게 이른 말씀을 전하였더니…"느 2:18. 나는 느헤미야가 사람들에게 이런 말을 했다는 사실이 무척 마음에 든다. 그는 하나님이 그 비전을 이루어주실 것이라 믿었으며 그로 인해 프로젝트에 동참할 사람들의 믿음도 역시 굳게 세워졌다. 따라서 그 비전은 동역자들에게도 전달해 줄 필요가 있었다. 하나님이 느헤미야에게 허락하셨던 더욱 큰 비전 안에서 그들이 각자의 비전을 성취하려면 그 사람들 역시 자신의 믿음을 행사해야만 할 것이다. 또한 느헤미야의 말속에는 "하나님이 나에게 이 일을 명하셨다"는 강한 자신감이 배어나오고 있는데, 그의 비전은 하나님께로부터 나왔으며 여호와 하나님이 함께하신다는 것을 분명히 확신하고 있었기 때문이다. 당신 역시 자신의 꿈에 대해 느헤미야와 같은 식으로 생각할 수 있기를 바란다.

### 당신의 계획이 당신의 기도제목이다

더욱이, 계획을 작성하면 기도제목이 엄청나게 많아진다. 당신은 혼자서 꿈을 이룰 수 없다. 반드시 하나님의 도우심이 필요하다. 만약 기도시간이 짧다면, 아마도 그것은 당신에게 특별한 기도제목이 없기 때문일 것이다. 그러나 계획을 계발해 나간다면 결코 기도시간이 남아도는 일이 없을 것이다. 믿음을 요구하는 일들이 항상 생기기 마련이며 하나님을 의지해야만 되는 일들이 생겨날 것이다.

### 자신이 세운 계획을 통하여 운명을 개척해 나갈 수 있을 것이다

신명기 30장 19절에서 하나님은 백성에게 이렇게 말씀하셨다. "내가 생명과 사망과 복과 저주를 네 앞에 두었은즉 너와 네 자손이 살기 위하여 생명을 택하고." 다시 말해서, 하나님은 "꾸물거리지 말고 소망을 가져라, 그리하면 필경은 생명이 있는 곳으로 가게 될 것이다"라고 우리에게 촉구하고 계신다.

> 내가 네 행위를 아노니 네가 차지도 아니하고 뜨겁지도 아니하도다 네가 차든지 뜨겁든지 하기를 원하노라 네가 이같이 미지근하여 뜨겁지도 아니하고 차지도 아니하니 내 입에서 너를 토하여 버리리라(요한계시록 3:15-16).

당신은 계획을 세우려 하는가, 아니면 계속 꿈속에서 꾸물대다가 미지근한 물처럼 인생을 흐리멍덩하게 끝내려고 하는가? 당신은 부평초처럼 떠다니는 인생으로 지음을 받은 것이 아니다. 당신은 운명을 개척하도록 만들어졌다. 계획을 세워서 그 일을 이루라.

## 비전의 원리

1. 성공하려면 분명한 계획을 가지고 있어야 한다.
2. 만일 당신이 계획을 가지고 있지 않다면, 하나님 편에서도 당신을 인도하실 특별한 방안이 없다.
3. 계획은 사람들이 세우겠지만, 비전을 어떻게 성취하게 될 것인가에 대해서는 하나님이 상세하게 설명해 주실 것이다.
4. 하나님으로부터 아이디어를 받게 되면 곧 그것을 계발해 나가야만 한다. 그렇지 않으면 그 아이디어가 사라질 수도 있다.
5. 사람들에게는 많은 기회들이 찾아온다. 그러나 전혀 계획이 없기 때문에 좋은 기회들이 와도 일을 해낼 수가 없다.
6. 만일 인생을 위한 계획이 없다면 당신이 정상 궤도를 달리고 있는지 확인하고 싶을 때 견주어 볼 만한 자료가 전혀 없을 것이다.
7. "나는 지금 어디로 가고 있는가?"라는 질문에 답변을 할 수 있어야 한다. 일단 하나님의 목적을 알았다면, 집중적으로 계획을 세울 수 있기에 효율적인 계획 수립에 착수할 수 있다.
8. 계획을 짜는 동안에는 만나는 사람들 모두에게 계획을 털어놓을 수는 없다. 그 이유는 어떤 사람들은 당신의 계획에 손을 댈 수 없기 때문이다.
9. 당신의 꿈은 기록으로 보관해 둘 만한 가치가 있다. 만일 그것이 하나님이 주신 꿈이라면 작성할 만하다.
10. 당신의 계획이 당신의 기도제목이다.
11. 당신은 자신이 세운 계획을 통하여 운명을 개척할 수 있게 될 것이다.

# 원리 4# 비전에 대한 열정을 품어라

간절한 마음으로 소원하는 일은 반드시 이루어진다.

7장

개인의 비전을 성취하는 네 번째 원리는 열정을 품어야 한다는 것이다. 열정적인 사람들은 삶 그 자체보다도 더욱 중요한 것을 발견한 사람들이다. 예수님은 제자들에게 가장 중요한 것을 말씀하셨다. "누구든지 자기 십자가를 지고 나를 따르지 않는 자도 능히 나의 제자가 되지 못하리라" 눅 14:27. "누구든지 제 목숨을 구원하고자 하면 잃을 것이요 누구든지 나를 위하여 제 목숨을 잃으면 찾으리라" 마 16:25. 참된 비전을 위하여 거짓 비전과 야망을 포기하는 것이 참된 인생으로 가는 길이 된다.

당신은 자신이 추구하는 비전을 얼마나 간절히 원하는가? 열정은 "나는 무슨 일이 일어난다 해도 이 길을 따라갈 것이다.

10년을 기다리는 한이 있더라도 반드시 해내고 말 것이다"라고 말할 수 있는 배포나 끈기다. 특별히 젊은이들에게 다시 한번 말하고 싶은 것은 꿈을 따라 계속 나아가기를 원한다면 뒷전에 앉아서 만사형통을 기대해서는 안 된다는 것이다. 당신은 느헤미야를 도와서 함께 성벽 재건에 힘썼던 사람들의 태도를 가져야만 한다. "이에 우리가 성을 건축하여 전부가 연결되고 높이가 절반에 이르렀으니 이는 백성이 마음 들여 일을 하였음이니라"느 4:6.

마음의 눈으로 성벽 재건에 대한 비전을 본 후, 느헤미야는 술 관원이라는 일에 더 이상 만족할 수 없었다는 사실을 상기해 보자. 비전에 착수하기 전까지는 그의 마음이 편치 못했다. 무거운 마음은 변화를 원하는 그의 열정에서 나온 것이었다. 내 생각에 느헤미야는 자신의 감정을 숨길 수 없었던 사람으로 보인다. 그는 자기 민족에게 닥쳐올 미래가 암울했기에 더욱 마음이 아팠다.

### 비전은 열정에 선행한다

인생을 이끌어 갈 분명한 목적이 있어야 한다는 사실을 거듭 강조하는 이유 중 하나는 비전은 열정에 선행하기 때문이다. 지구상에 살고 있는 대다수의 사람들은 마음속에 비전을 품고 있지 않기에 인생에 대한 진정한 열정이 없다. 하지만 우리는 고린도후서에서 바울이 품고 있었던 비전에 대한 열정을 찾아볼 수 있다. 어떤 사람들은 바울의 사도권에 대해 의문을 제기했다. 어떤 의미에서 볼 때 바울은 하나님으로부터 직접 소명을 받은 것이 아니므로 그에게 사도의 권위를 주는 것은 합당치 않다는 것이었다. 그렇게 말하는 자신들이 거짓 사도이면서 오히려 바울의 위신과 영적인 자질에 공격을 가했고, 사람들이 진리에서 떠나도록 이간질했다. 바울은 거짓 사도들 때문에 예수 그리스도를 믿는 믿음에서 떠난 고린도 성도들에게 자신의 입장을 분명히 밝히는 것으로 일을 처리해 나갔다. 바울은 어찌 됐든 자신의 사도직을 증명하여 그들이 참된 복음으로 돌아올 수 있도록 하기 위해, 자신의 말이 어리석고 우스꽝스럽게 들릴지라도 할 말은 해야겠다는 결심으로 편지를 썼다.

> 그들이 히브리인이냐 나도 그러하며 그들이 이스라엘인이냐 나도 그러하며 그들이 아브라함의 후손이냐 나도 그러하며 그들이 그리스도의 일꾼이냐 정신 없는 말을 하거니와 나는 더욱 그러하도다 내가 수고를 넘치도록 하고 옥에 갇히기도 더 많이 하고 매도 수없이 맞고 여러 번 죽을 뻔하였으니 유대인들에게 사십에서 하나 감한 매를 다섯 번 맞았으며 세 번 태장으로 맞고 한 번 돌로 맞고 세 번 파선하고 일 주야를 깊은 바다에서 지냈으며 여러 번 여행하면서 강의 위험과 강도의 위험과 동족의 위험과 이방인의 위험과 시

내의 위험과 광야의 위험과 바다의 위험과 거짓 형제 중의 위험을 당하고 또 수고하며 애쓰고 여러 번 자지 못하고 주리며 목마르고 여러 번 굶고 춥고 헐벗었노라 이 외의 일은 고사하고 아직도 날마다 내 속에 눌리는 일이 있으니 곧 모든 교회를 위하여 염려하는 것이라(고린도후서 11:22-28).

왜 바울은 그가 진짜 사도라는 것을 증명하기 위해 자신이 당한 문제와 고난의 성격을 이렇게도 길게 나열하고 있는가? 결국 바울은 자신의 진심을 이렇게 토로한다. "내가 받은 비전과 사명이 참된 것이 아니었다면 내가 그 모든 역경을 견딜 수 있었을 것이라고 생각하는가?"

바울은 모든 사람이 부러워할 만한 최고의 위치에 있었다. 그는 최고학부에서 공부한 학식이 대단한 사람이었다. 종교단체에서도 엄청난 권세를 가지고 있었으며 바리새인 중에서도 명성이 자자한 인물이었다. 그는 또한 편안한 여생을 보낼 수 있었던 신분이었다. 부친이 부유한 상인이자 로마시민이었기 때문에 바울은 날 때부터 로마 시민권을 가지고 있었다. 그는 성공에 필요한 모든 조건을 완벽하게 갖추고 있었다. 그러나 바울의 고백을 들어보라. "하나님이 나에게 보여주신 비전이 내 인생의 그 어떤 것보다도 더욱 중요하기 때문에 나는 옥에 갇히고, 채찍질을 당하고, 수천 가지의 고난을 자초하려 한다."

사도행전 26장에 보면, 바울은 아그립바 왕 앞에서 심문을 받고 있다. 다메섹 도상에서 예수 그리스도가 그에게 허락하셨던 목적을 왕에게 이야기할 때, 바울은 비전을 가진 자들과 연관이 있는 매우 중요한 내용을 진술하고 있다.

> 내가 대답하되 주님 누구시니이까 주께서 이르시되 나는 네가 박해하는 예수라 일어나 너의 발로 서라 내가 네게 나타난 것은 곧 네가 나를 본 일과 장차 내가 네게 나타날 일에 너로 종과 증인을 삼으려 함이니 이스라엘과 이방인들에게서 내가 너를 구원하여 그들에게 보내어 그 눈을 뜨게 하여 어둠에서 빛으로, 사탄의 권세에서 하나님께로 돌아오게 하고 죄 사함과 나를 믿어 거룩하게 된 무리 가운데서 기업을 얻게 하리라 하더이다(사도행전 26:15-18).

바울은 다음과 같은 말로 자신의 의견을 요약했다. "아그립바 왕이여 그러므로 하늘에서 보이신 것을 내가 거스르지 아니하고"행 26:19. 그는 자신을 인도할 분명한 비전을 하나님이 허락하셨다고 말했다. 그것은 이방인들에게 복음을 전파하는 것으로 그는 그 비전에 불순종할 수 없었다. 그는 이 비전을 디모데에게 다시 말했다. "이를 위하여 내가 전파하는 자와 사도로 세움을 입은 것은 참말이요 거짓말이 아니니 믿음과 진리 안에서 내가 이방인의 스승이 되었노라"딤전 2:7.

바울은 인생의 목적을 알았으며, 그가 당하게 될 모든 고난에서 끝까지 견딜 수 있게 해 준 것도 바로 이 목적이었다. 하나님께로부터 나온 비전이라면 아무도 당신을 막을 수 없다. 사람들이 당신에 대해 무슨 이야기를 한다 해도 아무런 문제가 되지 않는다. 어떻게 바울은 사람들이 그를 돌로 쳐 죽이려고 할 때마다 오뚝이처럼 다시 일어날 수 있었겠는가? 그는 하나님으로부터 받았던 비전과 명령에 순종하여 이방인에게로 가야 한다는 사실을 인식하고 있었기 때문이다. 이처럼 열정은 비전에서 생겨난다.

**비전을 향한 열정은 저항을 이겨 낸다**

만약 당신이 마음으로 그리는 인물이 되고자 노력해 간다면 거기에는 분명히 저항이 있을 것이다. 그 저항을 극복하는 유일한 길은 비전을 향한 열정을 가지는 것이다. 자신의 꿈에 대해 진실로 열정을 가진 자라면 문제가 생기더라도 굳세게 견뎌낼 수 있다. 열정은 죽음보다도 더 강한 소원이다. 열정을 만족시키기 전까지는 잠을 자거나, 먹거나 중도에 포기할 수 없다. 지금 하고 있는 일을 중단하더라도 그다지 서운한 마음이 들지 않는다면 그것은 그 일에 대한 열정이 없다는 증거다. 열정에는 갖가지 문제가 따라다닌다. 그러나 열정이 있으면 이런 식으로 반격을 가할 수 있다.

"당신은 '거절'한다고 할지 모르지만 나는 그것을 '기다리라'는 뜻으로 받아들이겠다." "비록 당신네들이 지금은 내 아이디어에 호응을 하지 않지만 나중에는 그렇게 할 날이 올 것이다."
열정적인 사람들은 아침에 일어나서 이렇게 말한다. "하나님 아버지, 좋은 아침입니다. 제가 여기 있습니다! 또 한 날을 허락해 주셔서 제가 가기 원하는 곳으로 한 걸음 더 가까이 나아가게 하심을 감사합니다." 열정은 승리를 목표로 삼고 있기에 그만두고 싶은 생각보다도 더욱 강하게 작용한다.

사람들은 한번 좌절하면 바로 포기해 버리고 만다. 당신은 조금만 어려움이 와도 중단해 버리는가? 열정은 이렇게 말하는 것을 기억하라.

"네가 차라리 포기하는 게 좋을 거야. 왜냐하면 나는 중단하지 않을 테니까 말이야. 만일 네가 나를 쓰러뜨리면, 난 일어날 테다. 네가 날 넘어뜨리려다 지쳐 쓰러질 때까지 난 계속해서 오뚝이처럼 일어날 것이야." 로마서 1장 14절에서 바울은 이런 말을 했다. "헬라인이나 야만인이나 지혜 있는 자나 어리석은 자에게 다 내가 빚진 자라." 바울은 반드시 그 일을 해야만 했다. 그것은 바울의 인생을 위한 하나님의 뜻이었다. 그래서 그는 할 수 있는 대로 복음 전하기를 원했다 롬 1:15 참조. 그는 그 일을 지체할 수 없었다. 열정을 가진 사람은 항상 비전을 성취하려고 몸부림친다.

## 열정은 기꺼이 희생을 감수한다

때때로 당신의 사역에 동참해서 일부를 감당하던 자들조차도, 당신에게 그 비전이 얼마나 소중한가를 알지 못하기에 "이것은 현실성이 없어"라고 말하는 경우도 있을 것이다. 바울과 바나바와 함께 선교여행에 동참했던 마가 요한에 대해 알고 있는가? 마가 요한은 다혈질에다가 시기심이 많은 청년이었다. 그는 바울과 바나바를 따라서 얼마 동안 함께 일을 하다가 그들을 떠나기로 결심하고 예루살렘으로 돌아와 버렸다. 나중에 마가 요한이 바울의 2차 선교여행에 다시 합류하기를 원했지만 바울은 받아주지 않았다. 사실상 바울의 진심은 이것이었다. "마가 요한, 자네는 선교여행에 따르는 궁핍, 고난의 시기들, 힘든 사역을 견뎌낼 수 없어. 나에게는 불 속에라도 함께 들어가서 '우리가 힘을 합하여 그 일을 해냅시다'라고 말할 수 있는 일꾼들이 필요하다네" 행 12:25-13:13, 15:36-40.

바나바는 마가 요한을 데리고 다른 길로 선교여행을 떠났다. 그래서 바울은 실라에게 부탁해서 둘이 함께 가게 되었다. 빌립보에서 복음을 전하는 중에 몇몇 사람들이 폭도들을 선동하자, 바울과 실라는 채찍질을 당하고 감옥에 갇히게 되었다. 실라는 치안담당자들에게 바울 같은 사람은 전혀 모른다고 잡아뗄 수도 있었다. 베드로가 예수님에 대해서 "나는 저 사람을 모릅니다"마 26:72, 74라고 말한 것처럼 서로의 관계를 부인할 수도 있었을 것이다. 그러나 실라는 비전에 헌신된 사람이었다. 만약 바울이 옥에 갇히면 따라갈 각오를 하고 있었다. 그들이 끌려들어간 감옥은 보통사람들을 수감하는 장소가 아니었다. 매튜 헨리 주석을 보면 사도행전 16장 24절에 표현되어 있는 "깊은 옥"은 '지하 감방'으로 그곳은 한낮에도 어두침침하고, 습하며, 냉기가 감도는 더러운 곳이었다. 그곳은 흉악범을 가두는 곳이라고 말한다. 그러나 바울과 실라는 이런 곳에서 하나님을 찬양했다행 16:16-25 참조. 열정은 기꺼이 희생을 감수한다.

### 열정은 마음을 한곳으로 집중시킨다

열정의 또 다른 결정적인 특징 하나는 마음을 한곳으로 집중시킨다는 것이다. 당신은 이 원리가 교회 안에서 역사하는 것을 볼 수 있다. 비전이 아예 없는 곳에서는 싸움, 험담, 수군거림, 중상모략, 불평이 자주 일어난다. 성도들이 불평불만으로 가득 차 있다면 그것은 교회가 비전이 없다는 증거다. 비전은 남의 말이나 목회자에 대한 분노 혹은 설교에 대한 불평을 할 틈이 없을 정도로 사람들의 마음을 한곳으로 모아간다. 동일한 현상이 결혼생활에서도 나타날 수 있다. 오늘날 부부 사이에서 많은 문제와 갈등이 생기는 이유 중 한 가지는 부부들이 서로 나눌 수 있는 비전을 상실했기 때문이다. 우리는 공통된 목적과 비전을 위하여 함께 노력하는 열정을 재발견해야만 한다.

**다툼이나 불화는 무시해 버린다**

비전에 대한 열정을 가지고 있다면 다툼이나 불화 따위는 무시해 버리고 목표를 성취하기 위해 끝까지 인내할 수 있다. 일찌감치 그만두고 싶은 유혹을 느낄 때, 혹은 인생의 무게에 눌려 주저앉고 싶을 때는 느헤미야와 바울의 경우를 기억하라. 비전을 붙잡았으면 제아무리 강한 시험으로 방해공작을 당한다 할지라도 끝까지 밀고 나가라. 그리하면 비전이 현실로 나타나는 것을 목도할 수 있는 영광을 누릴 것이다.

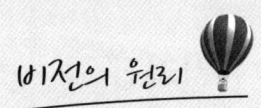

## 비전의 원리

1. 열정 없이는 성공할 수 없다.
2. 열정적인 사람들은 삶 그 자체보다도 더욱 중요한 것을 발견한 사람들이다.
3. 열정은 비전에서 생겨난다.
4. 비전은 언제나 고난으로 연단 받게 될 것이다.
5. 비전에 충실한 것은 비전의 정당성을 나타내는 한 가지 지표가 된다.
6. 열정은 제아무리 상황이 힘들게 돌아갈지라도, 마음으로 믿는 것을 눈으로 보는 것보다 더욱 중요하다고 생각하는 것이다.
7. 열정적인 사람은 항상 비전 성취를 위해 몸부림친다.
8. 열정이 있으면 계속해서 비전에 집중하게 된다.

# 원리 5#
# 믿음의 눈으로 비전을 바라보라

**8장**  시각은 눈의 기능인 반면 비전은 마음의 기능이다.

    다섯 번째 원리는 비전에 대한 믿음을 계발해야만 한다는 것이다. 시각은 눈의 기능인 반면 비전은 마음의 기능이다. 하나님이 인간에게 허락하신 가장 위대한 은사는 시각이 아니라 비전이다. 헬렌 켈러는 생후 8개월 만에 질병으로 소경, 귀머거리, 벙어리가 되었다. 그러나 그녀는 자신이 살았던 시대의 사람들뿐만 아니라 오늘날 우리에게도 계속 영향력을 미치고 있다. 노년에 접어들어, 그녀는 자신의 일생을 제작하는 방송국 앵커와 면담을 나눴다. 모든 질문은 점자를 통해 이루어지고 있었는데 대화를 진행해 가는 중에 이런 부분이 있었다. "헬렌 켈러 여사님, 눈이 안 보인다는 것보다 더 불운한 일이 있을까요?" 잠시 생각에 잠기더니 그녀만이 할 수 있는 독특한 방식으로 답변했다. "소경이라는 장애보다도 더욱 궁색한 것은 눈은 가졌으나 비전이 없는 것입니다."
이 얼마나 명철한 대답인가! 이 여인은 신체적으로는 앞을 못 보는 시각장애인이었으나 정상적인 시각을 소유하고 있었던 사람들보다도 더욱 큰 비전과 소양을 지니고 있었다. 그녀가 지은 책과 시는 오늘날에도 꾸준히 읽히고 있으며 놀라운 성찰을 보여준다. 헬렌 켈러는 눈과 귀의 장애를 안고 하나님에 대한 원망이나 분노로 세월을 헛되이 보내지 않았다. 오히려 그녀는 마음속의 비전으로 충만한 삶을 누렸다. "사물을 보는 눈은 흔하지만, 앞날을 예견할 수 있는 눈은 드물다."

## 비전은 가능성을 본다

단언하건대 대부분의 사람들이 눈은 있으나 비전은 없다. 시각은 사물을 있는 그대로의 모습으로 바라본다. 반면에 비전은 사물을 대할 때 장차 이루어질 형상으로 바라보며 거기에는 믿음이 따른다.

"대저 그 마음의 생각이 어떠하면 그 위인도 그러한즉" 잠 23:7. 우리는 외관상 드러나는 것으로 마음속의 믿음을 결정하도록 해서는 안 된다. "이는 우리가 믿음으로 행하고 보는 것으로 행하지 아니함이로라"고 성경은 말하고 있기 때문이다 고후 5:7. 하나님은 아브라함에게 비전의 눈으로 바라고, 믿어 성취될 일을 알려주셨다. 그것은 아브라함을 통하여 한 민족이 나온다는 예언의 말씀이었다. 아브라함과 사라는 이미 늙은 지 오래고 사라는 지금까지 자식 하나 낳지 못한 상태였다. 그러나 하나님의 말씀은 인간이 상상할 수 없는 것이었다. "너를 보면 한 민족이 보이는구나. 다른 사람들은 모두 너를 자식을 낳지 못하는 여인으로 보겠지만 나에게는 한 민족이 보이는데 거기서 하늘의 별처럼 바다의 모래처럼 수많은 자손들이 태어날 것이다" 창 11:29-30, 12:1-3, 17:1-19 참조.

비전을 가지게 되면 하나님이 우리 마음속에 넣어두신 믿음의 통치를 받게 된다. 히브리서 11장 1절은 이렇게 말한다. "믿음은 바라는 것들의 실상이요 보이지 않는 것들의 증거니." 따라서 나는 믿음을 마음속의 비전이라 정의한다. 믿음은 현재를 통하여 미래를 바라보는 시각이다. 믿음을 가질 때 당신이 가지고 싶고, 성취하고 싶은 일들을 바라볼 수 있다.

### 믿음으로 바라보기

만약 눈에 드러나는 현상으로만 일을 한다면 주위의 온갖 문제와 골칫거리만 보일 것이다. 지불해야 할 계산서가 눈앞에 쌓여가고, 회사의 실적은 부진을 면치 못하며, 당신의 안전을 위협하는 일들이 보이기 시작한다. 비전이 없는 시각은 소망이 없기에 위험하다. 많은 사람은 눈에 보이는 것으로만 살아간다. 눈에 보이는 것으로만 살아가는 삶은 당신을 질식시킬 것이다. 인생을 살다보면 낙심할 일이 너무 많기에 우리는 비전을 가지고 믿음의 눈으로 보는 법을 배워야 한다.
시각은 사물을 있는 그대로의 모습으로 바라보는 기능인 반면, 비전은 사물을 장차 이루어질 형상으로 바라보는 능력이다. 한 걸음 더 나아가 비전을 이렇게 정의해 볼 수 있다. "비전은 앞으로 이루어질 모습을 바라볼 수 있는 능력이다."

아마 당신은 고난의 시기를 통과하면서 낙심해 있을지도 모른다. 때때로 우리가 살고 있는 환경은 도저히 비전을 바라볼 수 없을 정도로 막막할 때도 있다. 사람들이 우리에게 하는 말들은 항상 용기를 세워주는 것도 아니고 오히려 우리를 무참하게 무너뜨리기도 한다. 비록 우리가 보고 듣게 되는 일들이 일시적이라는 것을 알지만 그것들은 여전히 우리를 지치고 울적하게 만든다. 그러나 마음속의 비전이 우리가 처한 상황보다 더욱 중요하기에 우리는 앞에 있는 비전을 따라 계속 전진해 나가야 한다. 하나님은 우리에게 비전을 허락하셔서 눈에 보이는 것만을 좇아서는 살 수 없도록 하셨다.
우리의 영은 하나님이 운행하시는 방식대로 작동하게 되어 있다. 창세기 1장 26절에서 하나님은 이렇게 말씀하셨다. "우리의 형상을 따라 우리의 모양대로 사람을 만들자." 여기서 "형상"이란 도덕적, 영적인 성품을 언급하는 반면, "우리의 모양대로"라는 어절은 '기능이 비슷하다'는 뜻이다. 즉, 우리는 하나님의 속성을 따라서 살도록 창조되었고, 하나님이 이 세상을 운행하시는 방식대로 역할을 감당하도록 지음을 받았다.

성경은 "믿음이 없이는 하나님을 기쁘시게 하지 못하나니"라고 분명히 못박고 있다 히 11:6. 그러므로 만일 믿음이 아닌 다른 방식을 고집한다면 자기 역할을 올바르게 감당하지 못하게 될 것이다. 염려는 불신이며 두려움이 비전을 망치게 되는 것도 바로 이런 이유 때문이다. 당신은 절대로 두려움 속에 갇혀 있어야 할 사람이 아니다.

예수님은 이 땅에 계실 때 매사에 확신을 가지고 행동하셨으며 안정된 심령으로 살아가셨다. 예수님은 풍랑이 몰아칠 때도 곤히 주무실 수 있었다. 두려움에 떠는 제자들이 예수님을 깨웠을 때, 주님은 이렇게 책망하셨다. "어찌하여 이렇게 무서워하느냐 너희가 어찌 믿음이 없느냐" 막 4:40. 이 말은 "믿음이 있다면 너희들도 나처럼 폭풍 속에서도 잠을 잘 수 있을 것이다"라는 뜻이다. 당신은 이 말이 현실성이 없다고 생각할지 모른다. 그러나 지금까지 나는 두려움이 아니라 믿음의 방식으로 살아왔으며 그것은 무척 흥미진진한 인생이었다. 결국 모든 것이 합력하여 선을 이룬다는 것을 믿고 있기 때문에 나는 어떤 문제를 가지고 그리 오래 염려하는 일이 없다. 나는 하나님의 목적을 따라서 부름을 받았기 때문에, 모든 것이 나에게 유리한 쪽으로 역사한다는 것은 당연한 일이다 롬 8:28 참조.

### 믿음의 창조적인 능력

믿음은 어떻게 역사하는가? 이 질문에 대한 해답을 얻으려면 하나님이 일을 해 나가시는 방법을 주목해서 살펴볼 필요가 있다. 예레미야 1장 12절에서 하나님은 분명히 밝히셨다. "내가 내 말을 지켜 그대로 이루려 함이라." 이 구절을 공동번역은 이렇게 표현하고 있다. "바로 보았다. 나도 내 말이 이루어지지 않는지 깨어 지켜보리라." 이 구절과 병행하는 다른 성구들을 보아도 하나님은 언제나 말씀하신 바를 친히 이루신다는 것을 분명히 나타내고 있다. 하나님은 무엇을 가지고 우주를 창조하셨는가? 하나님은 말씀을 사용하셨다. 창조에 대한 모든 기사를 망라해보면 우리는 "하나님이 말씀하셨다"는 글귀를 쉽게 찾을 수 있다 창 1:3, 6, 9, 11, 14, 20, 24, 26. 하나님은 우주에 대한 생각을 가지고 계셨으며 그 생각을 실물을 대하듯 생생하게 바라보셨다. 마지막으로 하나님은 생각이 현실로 드러나도록 말씀하셨다. 즉, 하나님은 모든 것을 말씀으로 창조하셔서 그분의 생각이 실제로 드러나도록 하셨다.

이 세상에서 생각보다 더 중요한 것은 아무것도 없다. 말은 생각에서 생겨나기에 말보다 더 중요한 것이 생각이다. 이 세상에서 가장 중요한 것이 생각인 반면, 말은 가장 강력한 힘을 지니고 있다. 즉, 당신이 어떤 일에 대해 입으로 선포해야만 그 일이 일어날 수 있다는 뜻이다. 평생 생각 속에 품고 있었지만 아직까지 실현되지 않은 일도 있을 것이다. 창의력은 말이나 행동 속에 담겨 있다가 거기에서부터 아이디어가 떠오르는 것으로 진행시켜 나가야 된다. 말이란 입으로 표현하든 글로 기록하든 간에, 거기에는 창조적인 능력이 가득 차 있다.

그러므로 비전을 통하여 눈으로 바라보는 것을 말로 표현할 때, 당신이 하는 말은 창의적인 능력을 가지게 되고 비전은 열매를 맺을 수 있다. 하지만 이 진리에는 긍정적인 성격만이 아니라 부정적인 측면도 있다. "나는 뚱보다" "나는 느림보다" "나는 멍청하다" "나는 사람들을 좋아하지 않는다" "나는 실패자다" "나는 평생 빚만 지고 살 것이다"라는 식으로 스스로에 대해 끊임없이 부정적인 이야기를 하다 보면 당신의 비전은 망가질 수 있다. 이것이 바로 말이 지니고 있는 권세다.

사탄도 역시 하나님과 그분의 말씀을 잘 알고 있다는 사실이 이 문제를 더욱 심각하게 만든다. 모든 창조물은 분명한 비전을 가지고 있는데 사탄도 이것을 알고 있다. 사탄은 당신이 긍정적인 말보다는 부정적인 말을 해서 하나님의 나라를 위한 당신의 효력이 상실되기를 원한다. 그러므로 우리는 입술을 잘 보존함으로써 비전을 보호해야 한다.

비전 성취를 원한다면 당신도 이전과는 말하는 방법을 달리해야만 한다. "나는 평생 빚만 지고 살 거야"라는 말을 "나의 하나님이 그리스도 예수 안에서 영광 가운데 그 풍성한 대로 너희 모든 쓸 것을 채우시리라"빌 4:19. 그런 다음 "하나님, 말씀대로 이루어 주소서"라고 기도하라. 비전은 그것을 입으로 표현해야만 비로소 거기서 능력이 나타난다.

### 믿음은 문제를 기회로 간주한다

당신이 어떻게 바라보느냐에 따라 당신의 인생은 달라진다. 믿음의 눈으로 바라보기 시작하면 비전이 어떻게 실현되는가를 이해하게 될 것이다. 수년 전에 인도에 갔던 한 남자와 그의 친구에 대한 이야기가 있다. 두 사람은 뭄바이 거리를 지나치다가 수천 명의 가난한 사람들이 길가에 앉아 있는 것을 보았다. 수백 명의 사람들이 하수도나 개천 밑의 판자상자 위에 누워 있었다. 불결한 사람들이 거리마다 서서 구걸을 하고 있었으며 맨발로 걸어 다니고 있었다.

한 사람이 친구에게 말했다. "이 사람들 좀 봐. 눈 뜨고 볼 수 없을 정도로 비참하지 않아? 신발도 없이 다니고 있어. 나는 부족한 것 없이 모두 갖추고 산다는 것이 정말 부끄럽네. 이 점에 대해서 아내와 이야기를 해봐야겠어." 이 시간에 그의 친구는 이미 종이를 꺼내서 무언가를 기록하고 있었다. 그는 인도로 신발을 운송하는 계획과 인도에서 신발을 제조하는 방법을 구상하고 있었던 것이다. "맨발로 다니는 것 좀 봐!"라고 말하는 것이 아니라 그는 "신발이 필요한 저 발들을 봐!"라고 말하고 있었다. 오늘날 그가 경영하는 회사는 미국에서 가장 큰 신발 회사들 중 하나로 손꼽힌다. 똑같은 상황이지만 어떤 이는 맨발만 보고 어떤 이는 그것을 시장의 기회로 본다. 모든 것이 당신이 보는 관점에 달려 있다.

이 진리에 대한 또 다른 예화를 들려주겠다. 몇 년 전에 한 목회자가 나에게 상담을 요청했다. "먼로 박사님, 나는 버몬트 출신입니다. 그곳에는 아무것도 내세울 만한 것이 없어요. 단풍나무, 암소들, 그리고 하얀 눈밖에 없거든요. 내가 태어난 이래로 그 지방에서 무언가 새로운 일이 일어난 적은 한 번도 없었어요. 하지만 나는 뭔가 하나님을 위해 일을 좀 해보고 싶어서 남부로 이사할 생각입니다. 거기서 아담한 교회를 짓고 하나님을 위한 사역을 해볼 작정입니다." 나는 그의 말을 듣고 잠시 생각한 후에 이렇게 말했다. "만일 당신네 마을에 아직 다른 예배당이 하나도 없다면 당신은 버몬트에서 가장 근사한 교회를 지을 수 있는 대단한 기회를 얻게 되겠는데요." 그는 나를 바라보더니 "오, 그렇군요" 하며 환호를 질렀다. 오늘날, 그는 그 지역에서 가장 큰 교회를 담임하고 있다.

우리에게는 시각뿐 아니라 비전도 역시 있어야만 한다.

당신은 모든 문제를 사역, 봉사, 혹은 사업의 기회로 간주할 수 있다. 바하마 국제선교단체의 출범 또한 그렇게 시작되었다. 개발도상국에서 살고 있는 수많은 사람이 안고 있는 한 가지 문제는 무지하다는 것이다. 이 단체는 38억이나 되는 사람들에게 영향을 미치고 있는 무지의 문제를 해결하는 데 도움을 주기 위하여 설립되었다. 나는 바하마가 교육과 훈련의 전초지로서 세상에 널리 알려지기를 전심으로 바란다. 바하마는 온갖 종류의 훈련 학교 및 지성을 쌓을 수 있는 기회를 제공하는 도시가 될 것이다. 그것이 바로 하나님이 내 마음속에 허락하신 비전이다.

**위대한 사고에서 위대한 업적이 나온다**

동시대인들에게 영향을 끼치고 감동을 주었던 성공한 인물들은 '운이 좋은' 사람들이 아니었다. 그들은 우연히 성공을 이루지 않았다. 그들은 위대한 것을 생각하고, 위대한 일들을 기대했다. 위대한 사고에서 위대한 업적이 나온다. 굳이 출중한 인물이 되어야만 위대한 생각을 하게 되는 것은 아니다. 출중한 인물이 되기 위해서는 위대한 생각을 할 필요가 있다. 그것이 비전에 대한 믿음이다.

당신은 사상이 세상을 지배한다는 사실을 알아야만 한다. 사상은 대단한 힘을 지니기에 많은 나라가 사상에 지배를 당한다. 그 사상들은 사람들이 죽은 후에도 계속 영향력을 행사한다. 내가 대학에서 읽었던 책들은 거의 죽은 지 오래 된 인물들의 저서였다. 나는 그들의 사상을 연구하는 데 수천 달러를 들였다. 비전은 대단한 힘을 가진 사상으로서 죽음을 초월해 그 영향력을 행사할 수 있다. 당신이 소유한 비전은 당신이 죽은 뒤에도 존속해야만 한다. 그러나 그런 일이 생기도록 하려면 당신의 비전을 혼자서만 간직해서는 안 된다. 당신은 아이디어를 고안하여 명확하게 말로 나타내야 한다.

나는 책을 쓰는 가능성에 대해 고군분투한 시간을 결코 잊을 수 없을 것이다. 지금 시대에는 많은 책이 쓰여지고 있기 때문에 나 또한 책을 쓰고 싶은 생각이 없었으며, 다른 사람들이 하고 있는 일에 끼어들지 않겠다고 하나님께 말씀을 드렸다. 나는 내가 가르치는 내용이 참되고 거짓이 없기를 바라는 마음뿐이었다. 그러던 어느 날 출판사에서 나의 오디오 테이프와 내가 주관하는 텔레비전 프로그램을 시청했다고 말하면서 출판을 제의해 왔다. 수개월 동안 나는 이 문제를 가지고 고심했다. 출판업자들은 이렇게 말했다. "당신의 아이디어를 사람들과 함께 나누어야 합니다. 책을 써 보는 것이 어떠세요?" 그때 나는 "책을 쓰고 싶은 마음이 없습니다. 저는 그저 가르치는 것만으로도 행복합니다"라는 말로 사양해 버렸다. 그러나 어느 날 밤, 강의를 준비하는데 하나님이 이런 말씀을 하시는 것 같았다. "만일 네가 책을 쓰지 않는다면 네가 알고 있는 지식은 너와 함께 사라져 버릴 것이다. 그러나 내가 네게 허락한 모든 것을 글로 남긴다면 네 말은 영원히 존속하게 될 것이다."

### 당신은 시각을 가지고 있는가, 아니면 비전을 가지고 있는가?

인생의 성공과 실패는 당신이 보는 시각에 따라 결정된다. 예수님은 제자들에게 끊임없이 시각의 문제를 다루셨는데, 그 이유는 제자들이 보는 것으로 문제에 휘말리든 적이 자주 있었기 때문이다. 예수님은 제자들이 보는 시각에서 비전으로 이동하기를 원하셨다. 주님이 제자들에게 무화과나무 사건, 오천 명을 먹이신 사건, 죽은 나사로를 살리신 사건과 같은 생생한 예화를 통하여 믿음을 가르치신 것도 바로 이런 이유에서다. 마 21:19-22; 막 6:34-44; 요 11:1-44 참조•

사물을 바라보는 방식이 당신의 사고와 행동을 결정하여 비전의 실현여부를 가름하기 때문에 비전에 대한 믿음은 결정적인 것이다. 잠언 23장 7절은 이렇게 말한다. "대저 그 마음의 생각이 어떠하면 그 위인도 그러하다." 당신은 시각을 가지고 있는가, 아니면 비전을 가지고 있는가?

## 비전의 원리

1. 시각은 눈의 기능인 반면에 비전은 마음의 기능이다.
2. 시각은 사물을 있는 그대로의 모습으로 바라보는 기능인 반면, 비전은 앞으로의 형상 혹은 앞으로 반드시 갖춰져야 하는 모습으로 사물을 바라보는 능력이다.
3. 외관상 드러나는 것으로 마음속의 믿음을 결정하도록 해서는 안 된다.
4. 비전이 없는 시각은 소망이 없기에 위험하다.
5. 마음속의 비전이 주변 환경보다 더욱 중요하다.
6. 하나님은 우리에게 비전을 허락하셔서 눈에 보이는 것만을 좇아가서 살 수 없도록 하셨다.
7. 우리는 하나님이 운행하시는 방식으로 살아가도록 지음 받았다. 하나님은 믿음과 그분의 말씀을 통해 운행해 가신다.
8. 이 세상에서 가장 중요한 것이 생각인 반면에 말은 가장 강력한 힘을 지니고 있다. 생각은 미래를 계획한다. 그러나 말은 미래를 창조한다.
9. 말에는 창조적인 능력이 가득 차 있다.
10. 믿음은 문제를 기회로 간주한다.
11. 위대한 사고에서 위대한 업적이 나온다.
12. 굳이 위대한 인물이 되어야만 위대한 생각을 하는 것은 아니다. 그러나 위대한 인물이 되기 위해서는 위대한 생각을 할 필요가 있다. 그것이 비전에 대한 믿음이다.

# 원리 6<sup>#</sup> 비전의 과정을 이해하라

우리의 걸음을 인도하시는 분은 하나님이다.

**9장**

여섯 번째 원리는 비전의 과정을 이해하는 것이다. 하나님은 우리들 개개인의 삶에 대한 계획을 가지고 계시지만, 그 계획들을 점진적으로 이루어 가신다. 하나님은 우리가 비전을 가지고 가야 할 방향은 알려주시지만, 어떻게 우리를 인도하실지 정확한 방법을 알려주시지는 않는다.

잠언 16장 9절 말씀을 보자. "사람이 마음으로 자기의 길을 계획할지라도 그의 걸음을 인도하시는 이는 여호와시니라." "걸음"이라는 단어를 유의해 보자. 하나님은 우리가 뛰어가야 할 방향을 지시하시는 것이 아니라 우리의 걸음을 인도하신다고 말씀하신다. 하나님의 비전에 지름길로 도달할 것이라는 생각은 아예 버려야 한다. 하나님은 고난과 시련을 통하여 우리의 인격을 세워가실 뿐만 아니라, 우리를 매일 한 걸음씩 인도하신다. 왜 하나님은 굳이 그런 방법을 사용하시는 걸까? 하나님이 원하시는 것은 우리의 승리만이 아니다. 하나님은 우리의 성품도 함께 세워나가기를 원하신다. "하나님은 나에게 이 비전만을 주신 것이 아니었습니다. 나는 비전에 합당한 자격을 갖추게 되었습니다." 하나님은 우리가 다듬어진 인격과 역전(歷傳)의 상처를 안고 이런 말을 할 수 있도록 만들어 가신다.

### 비전의 길은 우리가 목적지에 도달하기 위한 과정이다

때때로 우리 눈에는 목적지가 훤히 보이기 때문에 하나님의 과정을 인내하지 못하고 곧장 목적지에 도착하기를 원한다. 그러나 하나님은 "아니야, 나는 너를 그곳으로 인도할 다른 노선을 가지고 있단다"라고 말씀하신다. 우리가 비전을 받는 순간에는 그에 대한 어떤 준비도 되어 있지 않다. 하나님은 우리를 통하여 이루고자 하시는 뜻을 신속히 행하실 수 있으시지만 우리가 비전을 받아서 감당할 수 있도록 우리를 세워가기를 원하신다.

당신은 하나님이 이미 말씀하신 내용이 당신에게 이루어질 것이라는 사실을 훈련을 통해서 배워야만 한다. 그 일이 이루어질 것인가에 대해서는 염려할 필요가 전혀 없다. 이루어질 것을 하나님이 약속하셨다면 반드시 그 일은 성취될 것이다. 그러나 하나님이 시키신 일을 따라가기 원한다면 다른 길로 벗어나서는 안 된다. 하나님이 당신에게 세워놓으신 그 자리에 앉아서, 좌석 벨트를 착용하고, 주님이 비전을 이루실 때까지 붙어 있어야 한다. 그 일은 이루어질 것이다. 그러므로 시간이 걸리더라도 하나님의 때를 기다려야만 한다.

우리는 하나님께 이런 질문을 던질 수 있다. "왜 내가 굳이 이 길로 가야 합니까? 나는 이 길이 마음에 들지 않아요." 하나님은 그 길을 통해 우리에게 두 가지 일을 해 주실 것이라고 응답하신다.

- 우리의 인격을 성숙시키신다.
- 우리 안에 있는 책임감을 일깨우신다.

우리는 완성된 인격이나 책임감을 가지고 태어나지 않았기에 이런 과정을 통해 배워야만 한다. 더구나 하나님이 어디로 가야할지 방향을 보여주신다면 우리는, "좋아요, 하나님. 당신은 그 비전을 계속 이루어 가실 수 있는 분입니다. 저는 제가 있어야 할 그 자리에 있겠습니다"라고 말해야 할 것이다.

요셉은 겨우 17살에 하나님으로부터 부모 형제들이 다 그 앞에 무릎을 꿇고 절하는 꿈을 받았다 창 37:9-10 참조. 요셉은 속으로 그 꿈이 무척 마음에 들었다. 그는 백관을 거느린 군주의 모습으로 자신이 옥좌에 앉아 있는 것을 보았다.

그러나 하나님은 어떤 방식으로 그를 그곳으로 데리고 갈지에 대해서는 아무 말씀이 없으셨다. 하나님이 이렇게 말씀하셨다고 가정해 보자. "요셉아, 너는 위대한 주권자가 될 것이다. 내가 너를 거기까지 데리고 갈 일정표가 있는데 어디 한번 볼까? 첫째, 네 형제들이 네가 가장 아끼는 채색옷을 순식간에 찢어버릴 것이다. 둘째, 그들이 너를 웅덩이에 던져 넣을 것이다. 셋째, 그들이 너를 노예로 팔아버릴 것이다. 넷째, 네 주인의 아내가 너를 강간죄로 거짓 고소할 것이다. 다섯째, 네 주인이 너를 옥에 가둘 것이며, 너는 거기서 오랜 세월 동안 아무도 기억해 주지 않는 존재가 될 것이다. 그러나 필경에는 옥에서 나오게 될 것이다." 만약에 하나님이 이런 제안을 했다면 요셉은 십중팔구 이렇게 반응했을 것이다. "하나님, 전 그냥 양치기로 지내겠어요. 지금 있는 곳도 매우 행복하답니다."

비전이 성취되어 가는 과정 중에 어떤 이들은 이런 고민을 한다. "하나님이 약속하신 비전은 어디에 있는가? 하나님이 5년 전에 보여주신 그 큰 꿈들은 어디에 있단 말인가? 내가 하던 사업은 문을 닫았다. 직장도 잃고 집도 처분해 버렸다. 도대체가 하나님이 내게 보여주셨던 비전과는 아무것도 맞아 떨어지는 것이 없다." 당신은 하늘에 계신 우리 하나님의 존재 자체도 의심하기 시작한다. 요셉도 연단의 시기에는 이와 동일한 감정을 느꼈다. 얼마 전까지 옥좌에 앉아 있는 자신의 모습을 보았는데 지금은 감옥에 떨어진 그의 신세를 한탄하고 있다. "나는 네가 옥에 갇혀 있을 때에도 너와 함께하면서 네 인격을 다듬는 작업을 하고 있다. 그렇지 않고서는 네가 훌륭한 통치자가 될 수 없기 때문이다."

요셉이 만약 자신이 당한 모든 역경을 통해 자제력을 배우지 못했더라면 어떻게 되었을까? 보디발의 아내가 그를 유혹하려고 했을 때, 아마 한순간에 넘어갔을지도 모른다. 그러나 그가 자기 훈련과 하나님을 의지하는 법을 배웠기에 그런 상황에서도 자신을 지킬 수 있었다. 하나님이 우리를 목적지로 인도하시는 방법은 대부분 우리의 예상에서 벗어난다. 그러나 언제나 그에 대한 선한 이유가 있다.

하나님은 모든 것을 보고 계시며 알고 계신다는 사실을 믿고 있는가? 만일 그렇다면 닥치는 환난은 당신을 위한 하나님의 완벽한 계획의 일부임을 믿어야만 한다. 만약 어느 날 아침에 일자리를 잃는다면 당신에게 가장 먼저 떠오르는 걱정거리는 태산처럼 보이는 빚 문제일 것이다. 그러나 "내가 너를 알고 있다는 것을 네가 믿느냐?"라는 질문에 당신이 그렇다고 대답한다면 하나님은 "좋아, 그것은 계획의 한 부분이다. 나는 네 인격을 다듬어가는 작업을 하고 있단다. 어디 너의 빚을 한번 청산해 보자꾸나"라고 말씀하실 것이다.

한 가지 예를 더 살펴보자. 모세가 이집트에서 바로 공주의 양자이자 막강한 세력의 일인자로 있을 때에 하나님께서 모세에게 이런 말씀을 하셨다면 어떻게 되었을까? "나는 너를 택하여 이집트에 있는 내 백성을 약속의 땅으로 인도하는 구원자로 삼으려고 한다. 그러나 사건의 전후를 밝히자면 이렇게 될 것이다. 너는 내 백성을 보호하려는 의욕에 불타 이집트인을 무참히 살해할 것이다. 그러면 너는 어쩔 수 없이 도망자 신세가 되어 광야에 들어가 양치기로 전락하게 될 것이다. 그로부터 수년 후에 네가 이스라엘의 지도자가 되면 그들이 네 속을 만 갈래로 찢어 놓을 것이다. 그들은 투덜거리고 불평을 일삼다 결국에는 너를 배신하고 말 것이다. 사실상, 너는 그들의 행동을 보다 못한 나머지 분통을 터뜨려서 나에게 불순종하는 행동을 하게 될 것이고 그 일로 인해 너는 약속의 땅으로 들어가지 못할 것이다." 아마도 그 이야기를 들은 모세는 "하나님, 저는 이 비전을 다른 사람에게 넘기겠습니다"라고 말했으리라 생각한다.

힘든 시기를 겪고 있을 때, 우리는 하나님이 더이상 우리의 목적 달성에 신경을 쓰지 않으시는 것으로 오해하기 쉽다. 그러나 우리의 목적은 서서히 진행하고 있다. 하나님은 우리 안에서 역사하고 계시며 그 과정을 통하여 우리를 목적에 합당한 존재로 준비시켜 가신다. 그러나 우리는 흔히 주저앉아서 "왜 이렇게 세월이 더디 흘러가는가? 왜 내가 이 모든 역경을 겪어야만 하지?"라는 고민에 잠긴다. 불평과 불신의 태도야말로 하나님이 당신에게서 뿌리를 뽑고자 하시는 가장 중요한 부분이다. 하나님은 당신이 잘못된 태도를 버리지 못한 채 그대로 약속받은 땅으로 들어가기를 원하지 않으신다. 하나님은 당신의 유익을 위해서 일하고 계신다.

다니엘은 어떤가? 하나님은 그를 선지자로 지명하셔서 종말을 포함한, 앞으로 다가올 일에 대한 비전을 볼 수 있도록 허락하셨다. 그러나 하나님은 다니엘이 하나님의 말씀을 순종하는 것으로 인해 사자의 입속으로 던져질 것이라는 내용은 언급하지 않으셨다! 다시 강조하지만 당신이 반드시 도착하기로 예정되어 있는 그 목적지로 데리고 가시려는 하나님의 계획은 예측할 수 없다.

바울은 어떤가? 하나님이 본래 바울에게 하신 말씀은 이렇다. "너는 나를 위한 이방인의 사도가 될 것이다. 너는 왕들에게 말씀을 전하게 될 것이다"행 9:15 참조. 바울은 이에 대해 참 듣기 좋은 근사한 말이라고 생각했을 것이다. 그러나 만일 하나님이 그에게 금식, 채찍으로 맞는 것, 돌멩이로 얻어맞기, 배고픔, 옥에 갇히는 그런 역경을 세세하게 말씀하셨더라면 바울은 이렇게 대답했을 것이다. "저는 다메섹으로 가지 않고 차라리 예루살렘에 있겠습니다." 바울이 개종한 후에 하나님이 아나니아를 통하여 바울에게 경고하셨던 말씀을 보면 다음과 같다. "그가 내 이름을 위하여 얼마나 고난을 받아야 할 것을 내가 그에게 보이리라"행 9:16.

예수님은 어떠신가? 하나님의 아들로 탄생하실 때, 박사들은 예수님을 찾아와 무릎을 꿇고 왕이라고 불렀다. 그러나 예수님이 그 보좌로 나아가기까지 겪으셔야 했던 고난의 과정은 어떠했는가! 겟세마네 동산에서 예수님은 고뇌에 빠지셨다. 결국 예수님은 "다른 길은 없을까요?"라고 기도하셨다.마 26:36-44 참조. 예수님도 당신과 동일한 감정을 느끼셨다. 당신은 이렇게 요구할 수 있다. "음식점을 경영하려고 생각 중인데 무슨 좋은 방도가 없을까요?" 그러면 하나님은 이렇게 응답하실 것이다. "네가 식당을 운영하도록 해 줄게. 그러나 먼저 다른 사람 밑에서 요리법을 배워야만 한다. 이것이 네가 거쳐야 할 경로다. 나는 네가 인격을 다듬어가도록 훈련시킬 것이다." 종종 우리는 자격은 갖추지 않고 비전만 원하고 있다.

당신은 하나님의 사람들이 직면했던 사활에 관계되는 위기는 외면하려고 한다. 그러나 당신이 비전을 성취하려면 움직이는 정도의 차이는 있겠지만 반드시 도전과 역경에 부딪히게 될 것이다. 비전의 과정을 인식하고 그에 대한 준비를 하라고 당부하는 이유가 바로 이 때문이다. 너무 일찍 비전을 포기하지 않기를 바란다. 하나님은 당신이 꿈을 완성할 때까지 조금씩 성취하시되 끝까지 진행하실 것이다. 하나님의 때가 되면 비전이 완성되어 절정에 달하게 될 것이다. 이것이 당신을 위한 하나님의 뜻이다. 예레미야애가 3장 26절에는 이런 말씀이 기록되어 있다. "사람이 여호와의 구원을 바라고 잠잠히 기다림이 좋도다."

많은 사람이 자신의 일에 흥미를 가지지 못하기에 월요일 아침을 무척 싫어한다는 말을 들은 적이 있다. 그러나 마음에 내키지 않는 일들도 하나님의 계획 안에 있는 목적을 이뤄가는 데 기여할 수 있다. 하나님은 그러한 일들을 통해 우리 삶의 과업을 준비시키신다.

나는 내가 맡았던 일들에 대해 감사한다. 왜냐하면 그 모든 일들이 지금 내가 하는 일을 위해 마련되었기 때문이다. 나는 지금 하는 일에 대단한 의욕을 가지고 있기에 앞으로도 내 인생이 끝날 때까지 그 일을 할 것이다. 그러므로 지금 하고 있는 일에 전력을 다하라. 당신이 배워야만 하는 것을 잘 익히도록 하라. 그리고 거기서 얻을 수 있는 모든 지식을 갖추도록 하라. 목적은 당신의 일에 의미를 부여한다. 구덩이에 빠지고 옥에 갇히는 신세가 되어도 언젠가 비전이 성취될 것을 알았기에 중간에서 포기하지 않았던 요셉처럼 당신 안에 있는 하나님의 목적은 당신이 계속 전진하도록 이끌어 줄 것이다.

**비전이 결코 거짓이 아니었다는 것이 증명될 것이다**

하박국 선지자는 하나님께 물었다. "여호와여 내가 부르짖어도 주께서 듣지 아니하시니 어느 때까지리이까 내가 강포로 말미암아 외쳐도 주께서 구원하지 아니하시나이다" 합 1:2. 선지자는 조국에서 일어나고 있는 무질서, 타락, 살인의 문제와 고난들을 하나님께 토로하고 있었다. 그러자 하나님은 다음과 같이 응답하신다.

> 여호와께서 내게 대답하여 이르시되 너는 이 묵시를 기록하여 판에 명백히 새기되 달려가면서도 읽을 수 있게 하라 이 묵시는 정한 때가 있나니 그 종말이 속히 이르겠고 결코 거짓되지 아니하리라 비록 더딜지라도 기다리라 지체되지 않고 반드시 응하리라 보라 그의 마음은 교만하며 그 속에서 정직하지 못하나 의인은 그의 믿음으로 말미암아 살리라(하박국 2:2-4).

당신이 받았던 비전은 정해진 때를 기다리고 있다. 비전은 끝에 대해 말한다. 그것은 시대의 끝이 아닌, 당신의 꿈이 성취되는 마지막 때를 가리킨다. 하나님은 이렇게 말씀하신다. "만일 내가 너에게 비전을 허락하면 표면상으로는 그 일이 일어나지 않을 것같이 보여도 염려하지 마라. 그 일은 반드시 이루어질 것이다." 그동안에 우리는 "의인은 그의 믿음으로 말미암아 살아야 한다"는 명령을 받게 된다.

하나님이 우리에게 들려주신 말씀은 하룻밤 사이에 이루어지는 것이 아니기에 성취되는 동안 인내심을 가지고 하나님을 바라보는 믿음을 가져야만 한다. 그것은 인격 도야의 과정 후에 일어날 것이며, 눈에 보이는 것을 따라 살아가는 것이 아니라 믿음과 내적인 비전으로 살아갈 때 이루어질 것이다.

## 비전의 원리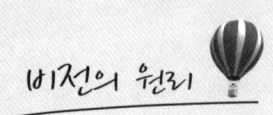

1. 하나님은 우리 각자의 인생을 위한 계획을 가지고 계신다. 그러나 하나님은 그런 계획들을 점진적으로 이루어 가신다.
2. 하나님은 우리가 비전을 가지고 가야 할 방향은 알려주시지만, 어떻게 그곳까지 인도하실지 정확한 방법을 알려주시지는 않는다.
3. 하나님의 비전에 지름길로 도달할 것이라는 생각은 아예 버려야 한다.
4. 우리가 비전을 받는 때에는 아직 이를 위한 준비가 되어 있지 않다.
5. 비전의 과정은 ① 우리의 인격을 다듬고 ② 우리 안의 책임감을 일깨운다.
6. 하나님은 우리가 몸담아야 할 필생의 과업을 위해서 다른 일들을 허락하신다.
7. 하나님이 허락하신 비전은 성취될 것이다. 그때까지 당신은 믿음으로 살아가야만 한다.

# 원리 7# 우선순위를 정하라

당신의 인생은 매일 당신이 내린 결정의 결과물이다.

**10장**

비전에 관한 일곱 번째 원리는 성공을 원한다면 비전에 관한 우선순위를 정해야만 한다는 것이다.

**결정을 내릴 때는 우선순위에 바탕을 두어야만 한다**
우선순위는 효율적인 결정을 내리는 열쇠이기에 이에 대한 이해는 꿈을 이루는 데 도움이 된다. 날마다 내리는 우리의 결정들은 비전을 성취하는 기회에 영향을 미친다.
인생은 양자택일의 문제로 가득 차 있다. 우리는 자나 깨나 선택에 시달리는 인생이다. 그리고 개인의 선택에 따라서 우리가 어떤 사람이며 인생에서 무엇을 소중하게 여기는지 나타난다. 오늘 내리는 결정이 앞으로 당신이 살아갈 인생의 성격을 말해 준다. 때때로 우리는 현재 잘못된 결정도 이후에 수습할 수 있다고 생각한다. 하지만 우리가 지금 하는 모든 것은 바로 우리의 내일로 이어진다.

이것이 바로 "예", "아니오"가 당신이 하는 말 중에서 가장 강력한 힘을 가지는 이유다. 당신은 자신의 비전에 일치하는 것에는 "예"라고 말하고, 다른 것에는 "아니오"라고 말함으로써 복을 누리게 될 것이다.

## 비전은 우선순위에 집중한다

다시 말해서, 꿈을 이루고자 한다면 시선을 한곳에 고정시키고 목적지로 나아갈 때 다른 곳에 눈길을 주어서는 안 된다. 인생의 양자택일에는 얼마나 교묘한 술책이 작용하는지 알아야 한다. 즉, 우선순위를 정하는 법을 배워야 한다. 사람들은 자신의 선택에 우선순위를 올바로 정하지 못함으로 인해 주어진 비전을 이루지 못한다.

"모든 것이 내게 가하나 다 유익한 것이 아니요" 고전 6:12. 비록 우리가 모든 것을 다 할 수 있고 원하는 것은 다 손에 넣을 수 있더라도 그것이 모두 유익한 것은 아니다. 그러므로 자신의 비전에 맞추어 무엇이 유익한지 정해야 한다.

예를 들어, 고속도로를 타고 여행을 할 때 당신이 나갈 수 있는 수십 개의 출구가 있다. 만일 그 출구가 당신이 바라는 목적지로 안내해 주지 않는다면 그것은 잘못된 출구다. 마찬가지로 당신의 삶 속에서 부딪치게 되는 여러 가지 활동들과 다양한 사람들에게도 이와 동일한 적용이 가능하다. 당신이 성취하고자 하는 일과 관련이 있고 당신을 목표지점으로 이끌어간다면 그 활동은 유익하다. 스스로 "무엇이 나에게 유익한가? 어떤 일을 통해서 내가 목표하는 방향으로 나아갈 수 있겠는가?"라는 질문을 던져보기 바란다.

명백히 고려할 첫 번째 사항은 당신과 하나님과의 관계다. 당신이 인생을 어느 방향으로 움직여야 하는지 알고 싶다면 당신에게 사명을 주시고, 창조하신 분과 관계를 맺어야 한다. 성경에서 말하는 가장 위대한 명령이 마음을 다하고, 목숨을 다하고, 힘을 다하고, 뜻을 다하여, 하나님을 첫째로 사랑하는 것이라는 점에 대해서는 조금도 의심할 여지가 없다.막 12:30 참조. 당신이 그렇게 할 때 하나님은 당신이 이루어야 할 사명을 알려주실 것이다. 당신이 나아갈 인생의 목표가 분명하고 이것에 헌신됐다면, 인생의 잡다한 일들은 사라져 버릴 것이다.

당신이 비전을 붙잡은 다음에는 그 비전을 따라갈 수 있도록 삶의 우선순위를 정하라. 당신은 현재 하는 일 중에서 얼마나 많은 것이 꿈을 이루는 데 유익이 되는지를 결정해야 한다. 당신이 속해 있는 일이 반드시 나쁘다고는 할 수 없다. 단지 당신이 이루어야만 하는 일에 근거를 두고 있지 않다면 그것은 적합하지 않다. 당신은 꿈을 이루는 데 필요한 것에 마음을 집중해야 한다. 만약 이것에 실패한다면 당신은 비전의 마지막 지점에 이르지 못할 것이다.

**선과 최선**

그저 좋은 일을 한다고 다가 아니다. 당신은 비전에 유익한 일을 해야 한다. 우리들 대부분은 옳고 그름의 차이를 안다. 따라서 당신에게 가장 힘든 일은 선과 악의 양자택일이 아니라 선과 최선의 택일이다. 비전은 둘 다 좋은 것이긴 하지만 하나를 선택해야 하는 상황에서 당신이 잘못된 인도를 받지 않도록 보호해준다. 비록 유익이 되는 기회라 해도 비전을 이루는 데 그리 중요하지 않다면 단연코 그곳을 빠져나오게 된다. 우리는 마르다와 마리아의 선택에 대한 예수님의 반응을 통해 우선순위의 원리에 대한 실례를 발견할 수 있다.

> 그들이 길 갈 때에 예수께서 한 마을에 들어가시매 마르다라 이름하는 한 여자가 자기 집으로 영접하더라 그에게 마리아라 하는 동생이 있어 주의 발치에 앉아 그의 말씀을 듣더니 마르다는 준비하는 일이 많아 마음이 분주한지라 예수께 나아가 이르되 주여 내 동생이 나 혼자 일하게 두는 것을 생각하지 아니하시나이까 그를 명하사 나를 도와 주라 하소서(누가복음 10:38-40).

마르다의 요청은 지극히 당연한 것이었다. "나는 중요한 일을 하고 있기에 도움이 필요합니다." 사실, 예수님을 위한 식사 준비보다 더 중요한 일이 어디 있겠는가? 그러나 예수님의 말씀을 들어보라. "마르다야 마르다야 네가 많은 일로 염려하고 근심하는구나"눅 10:41. 예수님은 '나쁜' 일들이라고 지칭하지 않고 단지 "많은 일"이라고 말씀하셨다. 이어서 주님은 다음과 같이 말씀하셨다. "몇 가지만 하든지 혹은 한 가지만이라도 족하니라 마리아는 이 좋은 편을 택하였으니 빼앗기지 아니하리라"눅 10:42.

예수님이 말씀하신 의도는 바로 이것이다. "마르다야, 너는 좋은 일을 하고 있다. 그러나 마리아는 말씀을 듣기 위한 자리로 위치를 정했단다. 많은 일에 신경을 쓰지 말고, 최고로 좋은 일에 마음을 집중하거라." 마르다는 좋은 일을 하느라 너무 바빠서 더 좋은 일을 놓치고 있었다. 예수님이 "마리아는 더 좋은 편을 택하였다"고 말씀하셨는데, "더 좋은 편"이란 것은 과연 무슨 뜻일까? 그것은 '오직 한 가지 일'로서 예수님과 그분의 말씀에 전념하는 일이었다. 이 원리는 하나님에 대한 우리의 관계와 하나님이 우리에게 허락하신 이 두 가지 사명을 완수하는 일에 적용시킬 수 있다. 한두 가지 일에 집중하게 되면 더 나은 삶을 살 수 있는 길을 선택하는 셈이 된다. 당신은 자신의 소명이 무엇인지 발견해서 거기서 벗어나서는 안 된다. 많은 사람은 하나님을 위하여 어떤 일을 할지 나름대로 생각을 가지고 있는데 이것 또한 잘못된 방향으로 계속해서 떠밀려가는 원인이 된다. 하나님이 우리에게 특별히 명하신 일을 하기보다는 하나님을 위한답시고 아무 일에든지 뛰어드는 경우가 많다. 마르다와 마리아의 이야기에서 예수님이 시장기를 느끼셨다는 말씀은 전혀 없다. 그저 마르다가 예수님을 위해 식사 준비를 하고 있었다고만 기록되어 있다. 하나님은 그분을 위한 선한 일들도 포함해서, 하나님께 물어보기 전까지는 우리가 무턱대고 무슨 일이든지 시작하는 것을 원치 않으신다. 하나님은 우리가 주님을 위하여 일하기를 원하시는 것이 아니라 주님과 동역하기를 원하신다. 우리는 '하나님의 동역자들' 즉 '하나님과 함께 일하는 자들'이다.고후 6:1.

### 목표를 놓치지 말라

마르다는 잘못된 일에 골몰하고 있었기에 예수님은 '더 좋은 편'을 놓쳤다고 분명히 말씀하셨다. 목표에 눈을 고정시키고 벗어나지 않는다면 그 사람은 반드시 목표에 도달할 수 있다.

내가 여행 차 이스라엘에 갔을 때, 어느 날 함께 온 여행단들과 키부츠에 들렀다. 키부츠는 자급자족하는 공동체로서 사람들이 살아가는 데 필요한 모든 것은 바로 그 농장에서 구할 수 있었다. 농장을 따라 걸어가다 우리는 그들이 직접 재배하는 아름다운 농장을 보았다. 그들이 사용하는 트랙터와 콤바인 등의 농기구는 모두 최신식 장비였다. 조금 더 가다보니 키부츠에서 얼마 안 되는 거리에 계곡이 있었고 그 안에 조그마한 들판이 있었는데, 거기서 어떤 사람이 황소 한 마리에 의지해서 쟁기질을 하고 있었다.

그 광경을 보고 궁금해진 나는 키부츠 사람에게 물어보았다. "저 사람은 지금 무엇을 하고 있지요?" "들판에 씨를 뿌리고 있군요." 그래도 궁금한 점이 있어서 다시 물어보았다. "저 남자는 황소를 가지고 일을 하고 있네요. 그리고 쟁기도 구식에 거의 다 닳아빠졌고요. 그런데도 밭은 최신식 장비를 쓰는 당신네들 논밭처럼 정말 가지런합니다!" 그러자 이렇게 답변해 주었다. "저 사람의 시스템이 제 것보다 훨씬 더 좋습니다. 첫째, 밭에 고랑을 칠 부분마다 이쪽저쪽 맨 끝에 작은 막대기를 여러 개 꽂아 두었지요. 거기에다가 붉은색이나 하얀색 깃발을 묶어두었잖아요? 그는 깃발을 보고 맨 끝까지 쟁기질을 하다가 다시 되돌아서서 반대쪽으로 쟁기질을 합니다. 그는 황소의 움직임을 조절하면서 이랑 끝에 달려 있는 작은 천 조각에서 눈을 떼지 않습니다. 만일 막대기를 사용하지 않는다면 이랑이 꾸불꾸불하게 형편이 없을 겁니다."

계속해서 그의 말을 듣는 중에 내 귀를 울리는 한 단어가 있었다. "저 조그만 막대기를 '푯대'라고 부르지요." 그 말을 듣고서야, 누가복음 9장 62절에서 예수님이 하신 말씀을 깨닫게 되었다. "손에 쟁기를 잡고 뒤를 돌아보는 자는 하나님의 나라에 합당하지 아니하니라." 쟁기를 손에 잡았으면 반드시 눈을 푯대에 고정시키고 좌로나 우로나 치우쳐서는 안 된다. 왜냐하면 당신이 무엇을 바라보고 있든지 간에 결국에는 그쪽으로 몸을 움직이게 되어 있기 때문이다.

많은 사람이 인생의 푯대, 즉 비전을 정해 놓고 반드시 그쪽으로 갈 것이라고 호언장담하지만 어느새 비전은 제쳐 놓고 다른 잡다한 일에 눈길을 돌리다 보면 얼마 안 가서 목표를 향한 정상 궤도에서 이탈하게 된다. 마태복음 11장 30절에서 예수님은 이렇게 말씀하셨다. "내 멍에는 쉽고 내 짐은 가볍다." 멍에는 나뭇가지 하나로 황소 두 마리를 함께 묶어 두는 것이다. 멍에가 있으면 황소들은 보조를 같이해서 동일한 방향으로 나아간다. 예수님은 이런 말씀도 하셨다. "수고하고 무거운 짐 진 자들아 다 내게로 오라 내가 너희를 쉬게 하리라 … 나의 멍에를 메고 내게 배우라" 마 11:28-29.
우리는 하나님의 계획에 삶을 맡기고 주님의 멍에로 인도받아야 한다. 이것은 만일 주님이 돌아가시면 우리도 따라서 돌아가고, 주님이 멈추시면 우리도 멈춘다는 의미다. 우리는 주님과 보조를 같이해서 동일한 방향으로 나아가야 한다. 이것이 우리가 성공할 수 있는 방법이다.

**당신이 태어나서 해야 할 일, 즉 사명을 감당하라**

비전은 당신이 모든 것에 다 손을 대지 않도록 한계를 정해 준다. 사도 바울은 유대인들에게 깊은 사랑과 관심을 가지고 있었다. 그는 로마서 9장 3-4절에서 이런 편지를 썼다. "나의 형제 곧 골육의 친척을 위하여 내 자신이 저주를 받아 그리스도에게서 끊어질지라도 원하는 바로라 그들은 이스라엘 사람이라." 그러나 바울은 하나님이 그를 유대인들을 위한 사도로 부르지 않았다는 것을 알고 있었다. 그 자신도 유대 민족이었지만 그의 목적은 이방인에게 복음을 전하는 것이었다. "이를 위하여 내가 전파하는 자와 사도로 세움을 입은 것은 참말이요 거짓말이 아니니 믿음과 진리 안에서 내가 이방인의 스승이 되었노라"딤전 2:7. 그는 자신에게 어떤 사명이 있는지를 알았으며 그 비전에 충성을 다했다. 바울의 비전은 그에게 힘을 실어주는 자극제였다. "그러므로 나는 할 수 있는 대로 로마에 있는 너희에게도 복음 전하기를 원하노라"롬 1:15.

아마 우리는 은연중에 하나님과 사람들 앞에서 능력을 과시하고 인정받고 싶어서 너무 많은 일에 관계하고 있는지도 모른다. 그러나 은사가 비전을 이루는 열쇠가 된다는 사실을 반드시 기억하라. 예수님도 한 가지 중요한 사명을 감당하시려고 이 세상에 오셨다. 그것은 바로 하나님 나라와 인류 구원에 대한 진리를 증거하다 십자가에서 죽으심으로 구원을 완성하시는 것이었다. 자신의 존재 이유를 알고 계셨기에 끝까지 자신의 비전에 시선을 고정시키셨다.

한때 예수님 곁에 가장 가까이에 있었던 베드로가 주님의 비전을 가로막는 이야기를 하려고 했다. "주님, 당신은 앞으로 어떠한 죽음을 맞이하실는지 그리고 그들이 어떻게 당신을 쓰러뜨릴는지에 대해서 말씀하셨습니다. 그러나 저는 주님의 친구입니다. 그러니 제 말을 좀 들어보세요. 이 일이 결코 주님께 미치지 못할 것입니다" 마 16:22. 다시 말해서, 베드로의 말은 이런 뜻이었다. "나는 친구가 죽는 것을 원하지 않습니다. 만일 누구라도 주님을 공격하려 한다면, 그가 먼저 내 손에 죽게 될 것입니다." 베드로가 하는 말에는 나쁜 뜻이 전혀 없었지만 예수님의 비전에 비추어보면 이것은 옳은 말이 아니었다. 친구들이라 할지라도 당신의 꿈을 분산시킨다면 위험한 존재일 수 있다. 우리의 적은 가장 가까이에 있으며 우리를 바른 길에서 이탈시키려는 자들이라는 사실을 깨달아야 한다. 예수님은 베드로를 책망하셨다. "사탄아, 내 뒤로 물러

가라"마 16:23. 마찬가지로 우리는 가장 가까운 자들을 통해 역사하는 원수의 계교를 간파해야만 한다.

**비전을 통해 선택의 훈련을 쌓는다**

비전은 효율적인 인생을 살 수 있는 열쇠가 된다. 목적지가 눈에 보이면 그것을 향하여 나아갈 수 있도록 자신을 훈련시키고, 준비하며, 비전에 필요한 모든 것을 갖추는 데 도움이 되기 때문이다.

잠언 29장 18절은 자주 인용되지만 온전히 이해하고 있는 사람들은 그다지 많지 않다. "비전이 없으면 백성이 망한다." "망한다"는 히브리말은 '구속을 벗어던진다'는 의미다. 비전이 없다면 당신의 삶은 온전히 견제할 만한 바탕이 전혀 없는 것과 같다. 그러나 비전을 가지게 되면 부차적인 선택들은 정중히 거절할 수 있다. NIV성경에는 "묵시가 없으면 백성이 방자히 행한다"고 기록되어 있다. 여기서 '묵시'와 '구속'이라는 단어는 중요한 의미로 사용되고 있으며, 이 구절은 "비전이 없으면 사람들이 자제력을 잃게 된다"라고 해석할 수 있다. 자신에게 이런 질문을 던져보기 바란다.

- 나는 어느 곳에 에너지를 사용하고 있는가?
- 나는 어느 곳에 돈을 투자하고 있는가?

- 나는 어떤 종류의 영화와 텔레비전 프로그램을 시청하고 있는가?
- 나는 어떤 종류의 독서를 하고 있는가?
- 내가 추구하는 취미 생활은 무엇인가?
- 건강 관리를 어떻게 하고 있는가?
- 인생에 대한 나의 태도는 어떤가?

**"나는 위대한 프로젝트를 실행하는 중이다"**

나는 느헤미야가 모든 사람이 배워야 하는 우선순위에 대한 교훈을 가르쳐주었다고 생각한다. 느헤미야는 성벽 재건을 위한 출발 선상에 있었다. 그는 사람들에게 새롭게 갱신한 목표를 제시함으로써 그들의 의욕을 일깨우고, 이 엄청난 프로젝트에 동참해야 할 필요성을 알렸다. 그러나 느헤미야 6장 1절을 보면 그는 자신의 비전을 이루지 못하도록 술수를 쓰는 세 명의 반대자들과 부딪치게 된다. 산발랏, 도비야, 게셈은 지능적으로 방해 공작을 펼치고 있었다. 느헤미야 6장 2절에서 느헤미야는 이렇게 말했다. "산발랏과 게셈이 내게 사람을 보내어 이르기를 오라 우리가 오노 평지 한 촌에서 서로 만나자 하니 실상은 나를 해하고자 함이었더라." 세 사람은 "우리가 만나서 네가 무슨 일을 하고 있는지 한번 알아보자"고 말하고 있었지만, 실상은 느헤미야를 함정에 몰아넣어 역사를 중단시킬 작정으로 모의를 꾀하고 있었던 것이다.

느헤미야 6장 3절에서 느헤미야는 이렇게 말했다. "내가 곧 그들에게 사자들을 보내어 이르기를 내가 이제 큰 역사를 하니 내려가지 못하겠노라 어찌하여 역사를 중지하게 하고 너희에게로 내려가겠느냐?" 느헤미야는 "보아라, 만일 내가 너희들 좋은 대로 한다면 나는 목적하는 바를 이루지 못하고 엇길로 빠지게 될 것이다"라는 뜻으로 전갈을 보냈던 것이다. 이것이 바로 우선순위를 정해 놓은 사람의 본보기다.

### 인생을 계수하라

만일 비전을 향해 나아가기를 주저한다면 이 말을 한번 생각해보라. "나는 내가 성공할 수 있는지 노력도 해보지 않고 살기보다는 차라리 노력을 해보다 실패하는 쪽을 택하겠다." 시도도 해보지 않는 사람들은 전혀 성공할 가망이 없다.

하나님은 당신이 자신의 비전과 목적을 발견해서 그곳에 집중하기를 원하신다. 만약 당신이 삶의 궤도를 벗어났다면 나이와는 상관없이 다시 되돌아와야만 한다. 비전에 다시 집중해서 정상 궤도에 들어설 수 있도록 결정을 내려야 한다. 하나님께 이렇게 말씀드려라. "제가 과거에는 시간, 은사, 자원들을 잘 활용하지 못했습니다. 그러나 이제부터는 남아 있는 제 인생을 계산하면서 살려고 합니다."

# 비전의 원리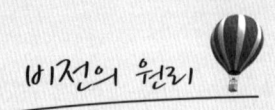

1. 성공하기를 원한다면 비전에 관계된 일들의 우선순위를 과감히 정해야 한다.
2. 당신이 오늘 내리는 결정은 앞으로 살아갈 인생의 성격을 말해 준다.
3. "예", "아니오"는 당신이 하는 말 중에서 가장 강력한 힘을 지닌다.
4. 사람들이 비전을 이루지 못하는 이유는 우선순위를 통해 비전에 유리한 쪽으로 결정을 내려야 한다는 사실을 이해하지 못하기 때문이다.
5. 일단 인생의 목표점이 어디인지 알아서 거기에 마음을 쏟는다면, 인생의 여러 가지 잡다한 일들은 사라져 버릴 것이다.
6. 당신에게 가장 힘든 도전은 선과 악이라는 양자 선택이 아니라 선과 최선, 이 두 가지 중 한 가지를 택하는 것이다.
7. 목표에 눈을 고정시키지 않으면 정말 원하지도 않는 곳에서 종착역을 맞이하게 될 것이다.

# 원리 8<sup>#</sup> 사람들의 영향력을 인식하라

> 비전을 행하고자 하면 당신을 돕고자 하는 사람과
> 저지하려는 두 종류의 사람이 일어나게 될 것이다.

**11장**

비전에 관한 여덟 번째 원리는, 당신의 비전에 영향을 주는 사람들을 인식해야만 한다는 것이다. 왜냐하면 우리는 혼자 힘으로 비전을 이루도록 지음 받지 않았기 때문이다. 사실상 하나님은 특별히 처음 인간을 만드시고 "사람이 혼자 사는 것이 좋지 아니하다"고 말씀하셨다_창 2:18_. 우리가 인생에 성공하기 위해서는 사람들의 도움이 필요하다. 그러므로 우리가 비전을 실현시키는 과정에서 다른 사람들과 함께 사역하는 것은 참으로 중요한 일이다.

느헤미야가 보고하는 내용을 기억해 보자. "후에 그들에게 이르기를 우리가 당한 곤경은 너희도 보고 있는 바라 예루살렘이 황폐하고 성문이 불탔으니 자, 예루살렘 성을 건축하여 다시는 수치를 당하지 말자"_느 2:17_. 비전을 받은 사람은 느헤미야였다. 그러나 그 일의 완성을 위해서 그는 다른 사람에게 도움을 부탁해야만 했다. 마찬가지로 당신이 어떤 비전을 가지고 있든지 간에, 하나님은 당신과 함께 일할 사람들을 준비해 놓으셨으며, 그들은 당신에게 복이 될 것이다.

그러나 영향력의 원리는 이중 적용이 가능한데 그 이유는 우리에게 긍정적인 영향을 주는 것과 마찬가지로 부정적인 영향력을 행사하는 사람들도 있기 때문이다. 비전을 행하고자 하면 당신을 돕고자 하는 사람과 저지하려는 두 종류의 사람들이 일어나게 된다.

### 교제의 법칙

교제의 법칙이란, 당신이 함께 시간을 보내는 사람들을 닮아간다는 것이다. 우리는 삶 속에서 다른 사람들의 영향력을 과소평가하는 경향이 있다. 오랜 시간이 흐른 후에야 그 사람들로부터 영향받았다는 사실을 깨닫는 경우가 허다하다. 그러나 인식을 하든 못하든 간에 함께 시간을 보내는 사람들의 영향력은 당신의 성공과 실패를 결정짓는 강력한 가름대가 될 것이다.

우리 주변의 연고자들 가운데는 영향력을 행사하면서 막무가내로 우리의 삶을 좌지우지하려고 하는 사람들이 있다. 우리는 아이들에게만 친구에게 영향을 받는다고 말하는데 성인들도 주위 사람들의 영향을 받는다. 나이가 60, 70, 80살이 되어도 친구와의 관계때문에 시달리는 사람들이 있다. 사실 거의 모든 사람들이 이런 환경 속에서 살아간다.

이 세상에는 두 종류의 사람이 있다. 당신을 찬성하는 편과 반대하는 무리다. 나는 사람들이 우리의 환경을 조작할 수 있는 잠재력을 가지고 있다는 것을 경험으로 알게 되었다. 그렇기 때문에 당신의 환경은 당신의 사고방식을 결정하게 되고 당신의 사고방식은 당신의 미래를 결정하게 된다. 그러므로 친구를 선택할 때는 지혜를 발휘하여 도움이 될 만한 친구를 선택해야 한다.

### 영향력에 대한 의문사항들

일반적으로 당신과 같은 방향에서, 당신과 같은 성격의 과업을 달성하고자 하는 사람들을 친구로 선택한다면 서로에게 힘이 되어 줄 수 있다. 이런 사실에 비추어서 나는 당신에게 세 가지 질문을 하려고 한다.

첫째, "나는 지금 누구랑 시간을 함께하고 있는가?" 당신의 가장 가까운 친구들은 어떤 사람들이며, 당신이 믿을 수 있는 사람들은 누구인가?

둘째, "이런 사람들은 나에게 어떤 영향을 미치고 있는가?" 다시 말해서, 그들과 함께 있으면 당신은 어느 방향으로 가게 되는가? 그들은 당신에게 어떤 말을 하도록 유도하는가? 솔로몬은 "지혜로운 자와 동행하면 지혜를 얻고 미련한 자와 사귀면 해를 받느니라"고 말했다잠 13:20. 새번역성경에는 "미련한 자들과 사귀면 인생을 망치게 된다"라고 표현되어 있다. 예를 들어, 교제하는 사람들이 돈을 헤프게 쓰면 당신도 낭비벽에 물들 수 있다. 더 이상 다른 사람이 당신의 진로를 방해하도록 방치해서는 안 된다. "내가 목표하는 바와 계획은 무엇인가?"에 대해 스스로 결정을 내려야 하며 다른 사람들의 영향으로 그것들을 부인하도록 해서는 안 된다.

셋째, "나의 비전에 비추어볼 때 이 사람들이 나에게 무슨 유익을 끼치는가?" 당신이 어디로 갈 것이며 무엇을 할 것인가를 사람들에게 알리기 시작하면 일부러 혹은 무의식적으로도 그들은 당신의 꿈을 방해하는 말들을 쏟아내기 시작한다.

당신은 비전을 향하여 전진할 때 진지하고도 규칙적으로 위의 세 가지 문제를 헤아려 보아야 한다.

## 비전은 반대를 불러일으킨다

"산발랏이 우리가 성을 건축한다 함을 듣고 크게 분노하여 유다 사람들을 비웃으며"느 4:1. 비전의 사람들은 그들이 꿈을 이루기로 결정하는 순간, 그들의 대적도 다 같이 깨어난다는 것을 경험으로 알고 있다. 다시 말하지만 당신이 비전에 대해 아무 일도 하지 않고 그대로 방치해 둔다면 아무도 귀찮게 하는 사람이 없을 것이다. 그러나 비전을 향하여 움직일 조짐을 보이면 반대 세력이 일어난다.

예를 들어, 당신이 20년간 사무관으로 일했다고 하자. 그리고 사람들은 모두 당신이 자기 일에 만족한다고 생각하고 있다. 그런데 어느 날 당신이 학교로 복귀하려고 결심을 하면 친구들이 이유를 물어보며 야단일 것이다. 그때 당신은 이렇게 대답을 한다. "난 학교로 가서 컴퓨터공학 박사학위를 따서 언젠가 컴퓨터 회사를 차릴 거야." 갑자기 친구들이 모두 다 원수로 돌아서 질문 공세를 퍼부을 것이다. "네가 어떤 사람인지 몰라서 그래? 네 나이가 몇 살인데? 이제는 네 머리가 녹슬어서 그런 일은 감당하기 힘들다는 것을 몰라서 그래?" 이쯤 되면 당신은 그저 주저앉아서 다시 평상시의 일에 안주하고 싶은 생각이 들 것이다.

당신의 비전 때문에 사람들은 당신을 험담하고 비협조적으로 대할 수 있다는 사실에 익숙해져야만 한다. 그것은 모두 비전을 이루어 가는 과정의 한 부분이다. 그러나 그것이 바로 당신이 인생에서 해야 할 참된 일을 하고 있다는 것을 보여주는 증거가 되기도 한다.

『생각하라 그러면 부자가 되리라』(Think and Grow Rich)는 유명한 책을 쓴 나폴레옹 힐의 주장은 나에게 큰 충격을 주었다.

"대다수의 사람들은 가족들, 친구들, 대중들이 그들의 삶을 지배하도록 방치해 두기 때문에 자신의 인생을 스스로 개척하지 못하고 있다. 그 이유는 사람들의 비난이 두렵기 때문이다."

불행하게도 당신의 비전을 이루지 못하도록 방해하는 가장 강력한 세력은 당신의 가족 중에 있을 수 있다. 어떤 가족들은 당신에게 최고의 지지를 보여주는 반면에 어떤 가족들은 그렇지 않다. 당신의 어머니는 "네가 지금 하고 있는 일이나 잘해라. 그만큼 안정적인 직장이 어디 있느냐? 수입도 그만하면 든든하지"라고 말씀하신다. 가족들로부터 당신이 꿈을 따라가서는 안 될 온갖 이야기를 듣고 나면 포기하고 싶은 생각이 들 수도 있다. 그러나 그런 이유로 꿈을 접어버린다 해도 당신의 마음속에는 여전히 미련이 남아 있어, 그 열망이 스트레스가 되어 고혈압과 같은 질병에 걸리거나 좌절과 고통으로 삶을 마감하게 될지도 모른다.

하나님은 아브라함이 가족들로부터 부정적인 영향을 받을 수 있다는 것을 아셨기에 그에게 이렇게 지시하셨다. "너는 너의 고향과 친척과 아버지의 집을 떠나 내가 네게 보여 줄 땅으로 가라"창 12:1. 요셉도 이집트의 국무총리가 되기 이전에 가족을 떠나야 하는 슬픔을 당했다.

때때로 하나님이 허락하신 비전을 따라가다 보면 우리는 사랑하는 자들의 영향력에서 벗어나야 할 필요가 있다. 세상을 변화시킨 사람들은 다른 사람들의 기대에 얽매이지 않고 독자적으로 자신의 길을 걸어갔다. 그것이 바로 그들이 성공한 이유다. 사람들이 당신에 대해 거짓말을 하고 헛소문을 퍼뜨린다 해도 당신은 푯대에 시선을 고정시키고 계속해서 일에 전념하면서 꿈을 키워나가야 한다. 주변 사람들의 반대보다도 당신의 열정이 더욱 강하다는 것을 보여주어야 한다. 당신은 앞으로 무슨 일을 해야 할지 명확한 목적을 세워서 그 일에 인내를 가지고 매진해야 한다.

느헤미야가 바로 이런 상황에 직면했다. 느헤미야 4장 2절을 살펴보자.

> 자기 형제들과 사마리아 군대 앞에서 일러 말하되 이 미약한 유다 사람들이 하는 일이 무엇인가, 스스로 견고하게 하려는가, 제사를 드리려는가, 하루에 일을 마치려는가, 불탄 돌을 흙 무더기에서 다시 일으키려는가 하고

산발랏이 조롱하는 말을 들어보라. 사람들은 화가 나면 당신의 용기를 꺾기 위해 함부로 말을 해댄다.

느헤미야 4장 3절의 내용을 보면, 암몬 사람 도비야는 곁에 있다가 덩달아 맞장구를 치고 있다. "그들이 건축하는 돌 성벽은 여우가 올라가도 곧 무너질 것이다." 당신도 이전에 이런 말을 들어본 적이 있는가? "새로운 사업에 대해서는 신경 쓸 것 없어. 두 달도 채 못가서 걷어치우고 말 테니까." 이런 태도를 나는 '도비야 신드롬'이라고 부른다. 누군가가 당신에게 이런 식으로 말을 하더라도 그저 비전을 향하여 앞만 보고 움직여야 한다.

비전을 추구하게 되면서 사람들의 미움을 사는 일이 생기는 이유는, 그들에게는 비전이 없음을 당신이 드러내기 때문이다. 그들은 이런 식으로 당신에게 말할 것이다. "너는 배운 것도 없잖아?" "넌 나이가 너무 어려서 안 돼." "당신은 너무 늙었어요." "당신은 변변찮은 배경 하나도 없으면서." "당신에게는 이렇다 할 연줄이 없잖소?" 그들에 대해 나는 본래 이런 식으로 반응한다. "내 일에 상관하지 마십시오. 나는 형제 자매를 내 마음대로 선택할 수 없습니다. 그러나 친구 하나는 내 마음대로 선택할 수 있습니다."

교제의 법칙에 따르는 문제를 밝히는 과정에서 나는 비전을 지켜나가기 위해서는 세 가지 태도를 취해야 한다는 것을 배우게 되었다. 첫 번째가 이탈하는 것이다.

**이탈**

꿈을 이루려면 자진해서 멀어져야 하는 무리들과 장소가 있음을 알고, 만나야 하는 사람에 대해서도 우선순위를 정해야 한다. 이 사실을 가볍게 취급하면 안 된다. 어떤 사람들은 누구와 교제하든지 그것이 그렇게 중요한 문제가 아니며, 교제하던 사람들과 헤어져서 그들의 마음에 상처를 입히는 일은 원하지 않는다고 말한다. 그러나 예수님은 "만일 맹인이 맹인을 인도하면 둘이 다 구덩이에 빠지리라"고 말씀하셨다.마 15:14. 예수님은 우리에게 영적으로 무지한 사람을 따라가는 어리석음을 범하지 말라고 경고하신다. 당신은 인생을 살면서 어떠한 방향도 정해 놓지 않고, 아무런 움직임도 없이 안주하는 사람들로부터 떨어져 나와야 한다. 다른 사람들과의 갈등과 불화가 무서워서 자신의 꿈과 인생을 송두리째 희생시키는 사람들을 보면 정말 마음이 아프다.

당신이 가고자 하는 방향과 같은 쪽으로 가기를 원하는 사람들이 있다면 그런 사람을 선택하라. 교제의 대상은 당신에게 용기를 줄 수 있는 인물이어야 한다. 당신에게 적합하지 않은 사람들과 헤어지는 것을 두려워하지 말라.

이탈하는 것은 그렇게 쉬운 일이 아니다. 그러나 그것은 삶의 우선순위에 있어서 대단히 중요하다. 만일 당신이 상대방의 비난에 귀를 기울이면 사명을 접어두고 싶은 마음이 들 것이다. 그러므로 비난하는 사람들을 무시하고 비전을 따라서 계속 행동해 나가야 한다. 원수들이 그의 비전을 분산시키려고 야단법석을 떨 때 느헤미야가 했던 말을 기억하라. "내가 이제 큰 역사를 하니 내려가지 못하겠노라 어찌하여 역사를 중지하게 하고 너희에게로 내려가겠느냐"느 6:3.

언젠가 이혼 직전에 있던 한 부인을 상담했다. 남편은 이혼을 원하지 않았다. 그런데 부인 주위에 이혼한 친구들이 자꾸 이혼을 부추기는 상황이었다. 자초지종을 다 들은 후 나는 이렇게 말해 주었다. "자, 제 말을 잘 들으세요. 당신의 남편은 당신에게 최고로 멋진 배우자입니다. 왜냐하면 남편은 당신과 함께하는 결혼생활을 원하고 있으니까요. 그런데 당신에게는 진정한 친구가 없군요. 당신이 결혼생활의 위기에서 벗어나려면 더 이상 그런 친구들과 만나서는 안 됩니다. 그들은 하나같이 다 이혼한 사람들입니다. 친구들이 당신에게 그런 충고를 하는 것도 바로 자기들이 그런 식으로 이혼을 했기 때문입니다."

감정적으로 괴로운 상황에 처해 있다면 당신의 의논 상대를 특히 주의해야만 한다. 자기 앞가림도 하지 못하는 사람에게 문제를 털어놓고 싶은 사람은 없을 것이다. 의논 상대가 되려면 당신에게 도움의 손길을 줄 수 있는 사람이어야 한다. 따라서 도움이 필요할 때는 자기 일도 주체할 수 없을 정도로 혼란 상태에 있는 사람을 찾아가서는 안 된다.

### 한정된 교제

비전을 보호하는 차원에서 내가 지금까지 배운 교제의 두 번째 유형은, 당신의 비전을 방해하는 사람과 일정한 거리를 두는 것이다. 사랑하는 사람이 있다면 이 사실을 명심해야 한다. 결혼을 생각할 정도로 진지하게 교제하는 대상도 당신의 목표에 관심을 가지고 있는가를 확인해야 한다. 결혼을 하고 나서야 배우자에게 자신의 목표를 털어놓는 사람들이 있는데, 그러면 상대방은 자신이 생각지도 못한 이야기를 듣고 난색을 표하는 경우가 더러 있다. 성경은 우리에게 "두 사람이 뜻이 같지 않은데 어찌 동행하겠는가"라고 경고한다.암 3:3. "스스로 분쟁하는 집은 무너질 것이다"라는 예수님의 말씀은 동일한 목표를 가진 자와의 교제를 다시 한번 강조하신 것이었다.눅 11:17.
간간히 시간을 내서 어쩌다가 만나도 족한 친구들이 있다. 그런 친구들과는 양질의 시간을 보내고 싶은 생각이 없을 것이다. 2일이 아니라 2시간이면 족하게 만났다고 생각이 드는 친구들인 것이다. 마찬가지로 2시간이 아니라 2분의 만남도 짧지 않다고 생각이 드는 친구들도 있다. 사실상 자리를 같이하게 되면 불평을 해대는 사람들은 2분도 아까운 생각이 든다.

그런 사람들과 이야기를 나눈 후에는 기력이 다 소진되어 버린 것 같은 기분을 경험한 적이 한두 번이 아니다.

당신은 자신의 영적인 환경을 보호해야만 한다. 즉 긍정적인 영향을 미치는 사람과 부정적인 영향을 미치는 사람들을 각기 구분하여 교제 시간을 다르게 분배하도록 하라. 그다지 좋은 환경이 아니라면 멀찌감치 물러나 있어야 한다. 바울은 "악한 동무들은 선한 행실을 더럽힌다"고전 15:33는 말로 "친구를 잘 선택하라"고 경고하고 있다.

인생의 목적과 관계된 일에서 당신이 사람들로부터 어떤 영향력을 받게 되는지에 대해서도 주의를 기울여야 한다. 하나님이 먼저 당신에게 비전을 확인시켜 주실 것이므로 아무나 당신에 대해 예언하도록 해서는 안 된다. 예언은 인생의 목적을 지시하는 것이 아니라 그것을 확인, 권면, 격려해주는 것이다. 너무나 많은 사람이 혼란에 빠지는 이유는 그들이 인생에 대한 비전 없이 계속해서 예언해 줄 사람들만 찾아 나서기 때문이다. 어떤 사람들은 자제력이 전혀 없다. 앞에서 언급했듯이 가족을 버려두고 떠나버린 가장처럼 그들은 한평생 남의 말만 듣고 따라가다가 인생을 엉망으로 만들어 버린다. 다시는 사람들로부터 당신의 비전을 받으려고 해서는 안 된다. 하나님이 당신에게 이미 허락하신 비전을 그들이 확인해주는 정도로 그쳐야만 한다.

**폭넓은 교제**

비전을 보호하기 위한 세 가지 교제 중에서 가장 긍정적인 마지막 유형은 교제의 폭을 넓히는 것이다. 만일 비전을 이뤄가기를 원한다면 바른 사람들과 더 많은 시간을 가져야만 한다. 이 부류는 당신과 같은 철학을 가지고 있으며, 동일한 훈련을 받고, 당신이 원하는 성품을 보여주는 사람들을 말한다. 이런 사람들이야말로 당신이 교제의 폭을 넓혀 가야 할 대상들이다. 스스로 이런 질문을 해보라. 내가 목표를 향하여 나아갈 때 누가 나의 도움이 되어 줄 수 있는가? 내가 가까이서 배울 수 있는 사람은 어떤 유형인가?

비전을 가진 사람들과 시간을 함께 보내라. 가브리엘 천사가 마리아에게 나타나 예수님을 잉태할 것이라고 알려주었을 때 마리아는 놀라서 이런 질문을 했다. "어떻게 제가 아이를 가질 수 있습니까?" 가브리엘 천사를 통해 들려주신 하나님의 응답은 성령의 능력으로 이런 일이 일어날 것이라고 말씀하셨다. 그러나 천사가 그 외에도 무슨 말을 했는지 유의해 보라. 그는 아이를 낳지도 못하고 이미 노부인이 된 엘리사벳이 세례 요한을 잉태했다고 말했다. 성경은 마리아가 곧장 일어나 엘리사벳의 집으로 가서 석 달을 함께 지냈다고 말한다.눅1:26-56 참조.

마리아가 잉태한 것에 대해 수군거렸듯이, 사람들은 당신의 꿈에 대해서도 비난할 것이다. 그러나 하나님은 당신이 그런 소리에 귀를 기울이느라 시간 낭비하는 것을 원하지 않으신다. 하나님은 앞서 입덧을 경험한 사람들과의 교제를 통해 당신이 용기를 얻기 원하신다. 이런 힘든 시기에는 동일한 경험을 해 본 사람들만이 당신에게 용기를 줄 수 있다. "얘야, 누구나 그런 과정을 거쳐야 하는 것이란다. 너의 꿈을 포기해서는 안 돼."

예수님이 죽은 소녀를 살리고자 하셨을 때 하신 말씀을 기억해 보라. 소녀의 집안은 가슴을 치며 통곡하는 소리로 가득 차 있었다. 예수님은 소녀의 아버지에게 울부짖는 사람들을 모두 내보내라고 말씀하셨다. 예수님은 불신의 분위기를 믿음의 분위기로 바꾸기를 원하셨다. 그런 다음 주님은 소녀의 부모, 베드로, 야고보, 요한만 데리고 소녀가 누워 있는 방으로 들어가서 아이를 죽음에서 살려내셨다.막 5:35-43 참조.

### 긍정을 강조하라

비전을 성취하기 위한 과정을 겪어나가다 보면, 사람들은 누구나 그들을 인도하고, 도와주며, 격려해줄 사람들을 필요로 한다. 그러나 서로 조심하지 않으면 부정적인 영향을 받을 위험이 있다. 그러므로 주변 사람들에 의해서 우리의 마음과 생각, 태도와 사상이 무너지지 않도록 보호하는 것이 대단히 중요하다. 다른 사람과 협력하며 각자의 삶 속에서 긍정적인 영향력은 증대시키고 부정적인 영향력은 감소시켜 나가야 한다.

## 비전의 원리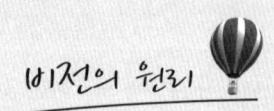

1. 비전을 따라 움직이려 하면 당신에게 도움이 되는 사람과 방해가 되는 두 종류의 사람들이 일어나게 될 것이다.
2. 교제의 법칙은 당신이 함께 시간을 보내는 사람들을 닮아간다는 것이다.
3. 비전의 사람들은 그들이 꿈을 이루기로 결정하는 순간에 그들의 대적도 일어난다는 것을 경험으로 알고 있다.
4. 세상을 변화시킨 사람들은 다른 사람들의 기대에 얽매이지 않고 독자적으로 자신의 길을 걸어갔다.
5. 비전을 보호하기 위한 세 가지 종류의 교제에는 이탈, 한정된 교제, 폭을 넓히는 교제가 있다.
6. 다른 사람과 협력하여 개인의 목표를 추구해 나갈 때 긍정적인 영향력은 증대시키고 부정적인 영향력은 감소시켜 나가야 한다.

# 원리 9#
# 비전을 이루기 위해 힘써 준비하라

하나님이 목적을 세우실 때는 모든 것이 다 번성하도록 계획하셨다. **12장**

비전을 실현하는 아홉 번째 원리는, 하나님께서 부어 주시는 공급의 능력을 이해하는 것이다. 사람들은 꿈을 이루는 데 필요한 자원이 빈약하다는 것을 알고 있기 때문에 자신의 꿈만 꾸다가 포기하는 경우가 종종 있다. 그들은 먹고살기에도 빠듯한 현재의 수입을 가지고 비전을 이루는 데 비용을 지불해야만 한다고 생각한다. 이와 비슷한 예로 청년들이 부모님께 앞으로의 꿈에 대해 말씀을 드리면 부모 입장에서는 자식의 꿈을 받아들이기에는 재정적으로 부담이 된다고 생각해서 걱정만 앞세우는 경우도 더러 있다.

### 필요를 채우시는 하나님
만일 하나님이 허락하신 비전을 이루기 위해 우리가 가지고 있는 자원을 사용해야 한다고 생각한다면 우리는 작은 꿈을 소유할 수밖에 없다.

잠언 16장 1절에서는 "마음의 경영은 사람에게 있어도 말의 응답은 여호와께로부터 나온다"고 했다. 한 개인이 하나님으로부터 꿈을 받을 때 처음에는 대체로 그것이 불가능한 것처럼 보인다. 그러나 비전을 받을 당시의 우리 형편을 보면 그것을 이루기에 역부족이라는 사실을 하나님도 알고 계신다. 그렇다면 우리를 위한 하나님의 해결책은 무엇일까? 하나님은 '말의 응답'을 주겠다고 약속하신다.

우리의 삶을 위한 하나님의 뜻은 그분이 직접 의도하신 목적에서 나온 것이다. 우리가 해야 할 일은 비전을 이해하고, 믿고, 작성하는 것이다. 반면에 하나님이 계획하신 그 비전들을 어떻게 성취해 나갈 것인가에 대한 설명은 하나님의 몫이라고 주님은 말씀하신다. 이런 사실을 알면 비전을 추구하는 과정에서 환경에 얽매이지 않고 독창적이며 생산성 있는 방향으로 나아갈 수 있다. 그러므로 사람들이 당신에게 어떻게 꿈을 이루어갈지에 대해 물어도 완벽한 답변을 하기 위해 고심할 필요가 없다. 하나님이 각 단계마다 필요를 공급해 주실 것을 믿는다고 말하면 된다.

## 비전과 공급하심의 병행

아마도 당신의 꿈이 너무 엄청나서 지레 겁을 낼 수도 있을 것이다. 처음에 이러한 느낌을 가지는 것은 지극히 당연하다. 하나님이 처음 꿈을 주실 때는 우리를 당황케 하시는데 그것은 하나님을 떠나서 우리 혼자 힘으로 그 꿈을 이루려는 시도를 아예 하지 않도록 하기 위함이다.

이 세상에서 하나님을 위하여 중요한 일을 하는 많은 사람을 보면, 자신의 능력이 없을지라도 그 일을 해나간다. 하나님이 원하시는 것은 순종하는 마음으로 비전을 이루는 데 필요한 자금과 기타 여러 자원을 조달해 주시도록 하나님만 바라보는 것이다.

당신이 감당해야 할 사명이 무엇이든지 간에 그에 필요한 능력과 자원들은 언제나 원하는 대로 사용할 수 있도록 하나님 안에 마련되어 있음을 기억하라. 그러나 보통은 비전을 향해 나아가기 전까지 하나님의 공급하심이 드러나지 않는다.

당신에게 필요한 모든 것이 이미 준비되어 있다는 확실한 증거로 에베소서 1장 3절을 언급한다. "찬송하리로다 하나님 곧 우리 주 예수 그리스도의 아버지께서 그리스도 안에서 하늘에 속한 모든 신령한 복을 우리에게 주시되." 하나님은 당신에게 필요한 모든 것으로 당신을 복되게 하셨다. 그것은 천상의 영역인 영적인 세계 안에 있다. 에베소서 1장 4절에서 언급하고 있는 "창세 전에 그리스도 안에서 우리를 택하셨다"는 말로 에베소서 1장 3절의 내용이 이루어진다는 것을 이해할 수 있다.

그러나 우리들 대부분은 일을 거꾸로 하고 있다. 우리는 일을 시작하기 전에 먼저 공급해주시는 것을 눈으로 확인하려고 한다. 그러나 믿음으로 하는 일은 그런 태도를 허용하지 않는다. 우리가 행동으로 나아갈 때 비로소 하나님은 예비하신 것을 드러내신다.

하나님은 이미 하늘에 속한 모든 신령한 복을 우리에게 주셨기 때문에 필요한 자원에 대해서는 아무것도 염려하지 말라고 당부하신다. 염려는 하나님에 대한 의심이 절정에 달했다는 표시다.

### 번영에 대한 잘못된 이해
### 번영을 넘쳐나는 것으로 해석한다

하나님이 비전에 필요한 것들을 얼마나 공급해 주시는지에 대해 우리가 확신하지 못하고 혼란을 겪는 한 가지 이유는 우리가 번영에 대한 개념을 바르게 인식하지 못하고 있기 때문이다.

더욱이 우리가 생각하는 번영은 오히려 '비축해 둔다'는 의미에 가깝다. 그러나 성경에서 비축은 탐욕과 연결된다. 탐욕이란 자족하는 마음을 느끼지 못하는 마음의 상태를 말한다.

필요 이상의 많은 음식을 섭취하는 것은 비만의 원인이 된다. 그 무게는 심장을 압박한다. 또한 동맥이 막히기 시작하면 심장병으로 쓰러질 수도 있는데 이 모든 것이 인체에 지나치게 음식물을 비축해 두기에 생기는 결과다.

성경은 사람들이 지나치게 돈이 많으면 무엇을 하며 어떻게 간수해야 할지 고민하느라 많은 근심, 염려, 골치 아픈 일들이 떠나지 않는다고 한다. 눅 12:16-21; 약 5:1-5 참조. 당신이 부자라고 해서 굳이 엄청난 가격의 물건을 소장하고 있을 필요가 없다. 20달러짜리 시계를 사고서도 이전보다 더 잘 지내면서 인생을 즐길 수 있다. 만일 누가 그것을 가져간다면 하나 더 구입하면 된다.

## 번영은 미래가 아닌 현재의 필요를 충족시키는 것이다

우리에게 필요한 모든 것을 미리 완벽하게 채워놓는 것을 번영이라고 생각하는 사람들이 있다. 그러나 예수님은 제자들에게 이렇게 지적하셨다.

> 그러므로 내가 너희에게 이르노니 목숨을 위하여 무엇을 먹을까 무엇을 마실까 몸을 위하여 무엇을 입을까 염려하지 말라 목숨이 음식보다 중하지 아니하며 몸이 의복보다 중하지 아니하냐 … 그러므로 염려하여 이르기를 무엇을 먹을까 무엇을 마실까 무엇을 입을까 하지 말라 이는 다 이방

인들이 구하는 것이라 너희 하늘 아버지께서 이 모든 것이 너희에게 있어

야 할 줄을 아시느니라 그런즉 너희는 먼저 그의 나라와 그의 의를 구하라

그리하면 이 모든 것을 너희에게 더하시리라(마태복음 6:25, 31-33).

염려는 당장 마련해야 하는 것과 관계있는 것이 아니다. 그것은 장래를 미리 내다보고 무엇이 부족할지를 예측하는 것이다. 예수님께서 제자들에게 던지는 질문의 내용은 바로 이것이다. "왜 너희들은 지금 당장 필요하지도 않는 것을 원하는가? 너희들은 잘못된 일에 마음을 쓰고 있다. 먼저 하나님의 나라와 그의 의를 구하라. 그리하면 이 모든 것이 너희가 하는 일에 따라올 것이다."

예수님은 공급에 관한 말씀을 이렇게 결론지으셨다. "내일 일은 내일이 염려할 것이요 한 날의 괴로움은 그 날로 족하니라"마 6:34. 나는 이 구절을 이렇게 해석한다. "만일 네가 지금 무언가를 가졌다면 그것을 즐겨라."

번영이란, 내일 필요한 것이 오늘 마련되어 있어야 한다는 의미가 아니다. 오늘 필요한 것이 오늘 마련되어 있다는 뜻이다. 우리는 주님의 기도에서 동일한 개념을 발견하게 된다. "오늘 우리에게 일용할 양식을 주소서"마 6:11. 예수님은 우리에게 내일에 대한 염려를 하지 말라고 말씀하신다. 왜냐하면 그 날 필요한 것은 그날에 공급되기 때문이며 내일은 어쩌면 오

늘 우리에게 있어야 할 것보다 더 많은 것이 필요할지도 모르기 때문이다.마 6:34.

### 참된 번영의 본질

성경에서 'prosperity; 풍족함, 번영, 부요'에 병행하는 히브리어 단어는 'shalev'로서, '고요하다', '편안하다', '평화스럽다', '차분하다'라는 의미를 가지고 있다.시 30:6, 73:3 참조. 번영의 또 다른 히브리어 단어는 'shalom'으로서 '평화', '안전', '행복', '만족', '건강'을 의미한다. 성경에서는 번영을 평화라고 말하고 있다. 번영은 조화롭다는 의미도 가지고 있다. 사물이 균형을 이룰 때 우리는 평화롭다고 말한다. 번영의 참된 의미는 염려나 걱정에서 자유로워지는 것을 뜻하며 필요한 모든 일에 돌보심을 받고 있는 만족한 상태를 반영한다.

예수님은 자연을 비유로 들어 번영의 의미를 이해하기 쉽게 설명하셨다. "공중의 새를 보라 심지도 않고 거두지도 않고 창고에 모아들이지도 아니하되 너희 하늘 아버지께서 기르시나니 너희는 이것들보다 귀하지 아니하냐"마 6:26.
어떤 사람들은 이 구절을 하나님이 그들을 돌보시기에 자신은 아무 일도 할 필요가 없다고 해석한다. 입만 벌리고 있으면 하나님이 복을 내려주실 것이라 믿는다. 만일 필요한 것이 있으면 그들은 기도할 것이다. 그러면 누군가가 집 앞에 쌀자루를 가져다 놓거나 거금을 그들 손에 쥐어주고 갈 것으로 생각한다. 때문에 그들은 하나님이 움직여 주시기만을 기다리고 있다.

그러나 이 구절 속에 담겨 있는 속뜻을 살펴보자. 하나님은 새들도 먹이신다. 그러나 하나님이 어떻게 새들을 먹이시는가? 하나님이 직접 둥지에 모이를 가져다주시는 일은 없다! 새들은 그저 앉아서 하나님이 지나가시는 길에 들러서 모이를 가져다주실 때까지 기다리는 것이 아니다. 예수님께서 하늘 아버지가 새들을 먹이신다고 말씀하신 그 이면에는 새들에게 필요한 모든 것이 예비되어 있지만, 그들이 직접 가서 구해야만 한다는 뜻이 들어 있다.

하나님은 새들의 둥지를 만들어 주시지 않는다. 그러나 잔가지를 준비해 주신다. 집을 짓기로 작정했다면 새는 잔가지를 찾아서, 입에다 물고, 자기 처소로 가져와야만 한다. 하나님은 매일 아침 땅바닥에 벌레를 남겨두지 않으신다. 새는 벌레를 찾아서 땅을 파내려가야만 한다. 새가 둥지를 완성하려면 가지를 줍고 물어오는 일을 몇 번이고 반복해야 겨우 끝낼 수 있다. 먹이 하나 구하려 해도 땅을 뒤지고, 파고, 찾아다니는 수고를 수십 번도 더 할 것이다.

우리가 앞장에서 나눈 원리가 여기에 적용된다. 하나님이 당신을 무슨 일로 부르시든지 필요한 것은 반드시 공급해 주신다. 그러나 직접 안겨 주시는 경우는 드물다. 만약 당신이 대학생이라면 부모님은 학교에 가도록 등록금을 마련해 주실 것이다. 그러나 공부를 하는 것은 당신의 몫이다. 필요한 것은 준비되어 있지만 그 일을 해야 하는 것은 당신의 몫이다. 부모님이 당신을 위해 요리를 해서 식탁에 차려놓을 수는 있다. 그러나 당신이 직접 음식물을 먹음으로써 영양소를 섭취해야만 한다. 하나님이 행하시는 방식도 이와 같은 원리다. 하나님은 준비해 놓으시지만 우리 대신 친히 일하시지는 않는다. 우리가 하나님이 마련해 놓으신 것을 찾아가야만 한다.

### 모든 목적마다 번영이 깃들어 있다

공급에 대한 또 다른 근본적 양상은 하나님이 목적을 세우실 때는 그 모든 것이 다 번영하도록 계획하셨다는 것이다. 하나님은 당신에게 필요한 것을 미리 마련해 두시지 않고 먼저 요구하시는 일이 결코 없다.

열쇠는 바로 이것이다. 당신은 하나님의 목적을 이루기 위해서 이 세상에 태어났다. 당신이 하나님이 허락하신 비전을 붙들고 그것을 실천에 옮긴다면 필요한 모든 것이 순차적으로 그 안에 구비되어 있다는 것을 알게 될 것이다.

당신이 일하는 궁극적 목적은 물질이나 양식에 관한 것이 아니다. 하나님은 융자금이나 갚아 나가라고 당신을 창조하신 것이 아니다. 당신의 냉장고에 음식물을 비축하라고 생명을 부여해 주신 것이 아니다. 만일 당신이 이런 식으로 살고 있다면 십중팔구 현재의 환경에 대해 낙담하고 있을 것이다. 당신이 60살의 나이로 들어설 무렵이면 인생을 돌아보면서 "내 인생에 도대체 무슨 낙이 있었는가?"라고 한탄할 것이다. 비록 근사한 집이 있다 한들 당신이 거기서 보내는 시간은 그다지 길지 않을 것이다. 나머지 시간은 다른 사람이 부를 축적할 수 있도록 직장에서 바쁘게 일을 하고 있을 것이다. 그러나 정작 당신이 몸 바쳐 일한 직장의 사장은 자기 집 뒤에 있는 골프장에서 게임을 하고 가족들이나 친구들과 한 자리에 모여서 인생을 즐기고 있지 않을까.

때때로 하나님은 우리가 비전을 성취하는 데 필요한 모든 것을 다 공급해 주시지 않는 경우도 있다. 그 이유는 우리 주변 사람들에게 허락하신 자원을 가지고 그들이 우리를 도와주도록 하기 위해서다. 하나님은 온 세상에 당신에게 필요한 것을 비치해 두고 계신지도 모른다. 하나님은 당신의 마음속에 있는 목적을 이루기 위해 반드시 가야 하는 곳이라면 수천 마일이라도 당신을 움직이게 하실 것이다.

마리아와 요셉에게 필요한 돈은 낙타를 타고 온 동방박사들 주머니에서 나왔다. 마리아와 요셉이 하나님의 비전에 순종했을 때 박사들이 그 먼 거리를 여행하여 그들에게로 왔던 것이다. 광야를 지나야만 도착할 수 있는 거리라 할지라도 하나님은 반드시 누군가를 시켜 당신의 비전에 필요한 것들을 채워주실 것이다.

그러므로 당신의 비전을 위해서라면 재정, 인력, 건물, 그 외에도 여러 가지 필요한 모든 것이 마련되어 있을 것이다. 당신의 비전을 이루는 데 조금이라도 보탬이 되기 위해 태어난 사람들이 있다. 당신을 위해 일하고자 지금도 기술학교에서 공부를 하는 사람들이 있다. 당신에게 필요한 모든 자원들은 이미 완벽하게 갖추어져 있다. 일단 당신이 비전에 착수하기만 하면 하나님이 뜻하신 적절한 시기에 그 자원들이 눈에 띄게 될 것이다.

**비전에 맞게 모든 것이 준비된다**

하나님은 준비하시는 분이다. 여호와 이레는 '하나님이 준비해 주실 것이다'라는 뜻이다. 당신이 비전에 발을 내딛는 순간부터 필요한 것들을 공급해 주실 것이다.

**당신의 자원을 사용하라**

몇 년 전에 디트로이트에 사는 친구를 방문한 적이 있었는데 그때 나는 이런 말을 했다. "기회가 되면 포드 자동차 회사를 구경하고 싶다네. 포드 사가 차를 만들어 내는 방식에 대한 많은 이야기를 들었지만 직접 내 눈으로 확인하고 싶어." 그래서 우리는 오후 내내 포드 자동차 회사에서 시간을 보냈다. 공장을 견학시켜 주는 사람은 공동사무실과 차를 제작하는 공간이 있는 거대한 빌딩으로 안내했다.

그다음에 우리를 또 다른 거대한 빌딩으로 데리고 가더니 다음과 같이 설명해 주었다. "여기서 우리는 파트별로 모든 생산품을 제작합니다." 초대형 건물처럼 보이는 곳으로 들어갔더니 내부에는 소형 창고들이 줄지어 있었다. 구획마다 각기 다른 이름이 붙여져 있었고 그 안에는 수백만 개의 부품이 쌓여 있었다. 나는 특별히 어느 한 구간을 가리키며 안내인에게 물었다. "이것은 무엇입니까?" "이것들은 2005년도를 겨냥해서 준비하는 승용차들입니다"라고 설명해 주었다. 이상한 생각이 들어서 재차 질문을 했다. "아니, 무슨 말씀을 하시는 겁니까? 지금은 1998년밖에 안 됐는데." "아, 예. 우리는 최소한 5년 앞서서 모든 것을 미리 준비하고 있습니다. 이것은 2002년, 여기는 2003년, 저것은 2004년, 그리고 마지막으로 이것이 2005년도 형입니다." 내가 그 차들을 구경할 수 있는지 묻자 그는 이렇게 대답했다. "아직 차들이 실물로 만들어진 것은 아닙니다. 우리는 먼저 부품들을 만들고 있어요. 하지만 이것들은 신형 승용차에 사용할 부품들이 아니라 구형을 교체할 경우를 대비한 교체용 부품들입니다."

포드 회사는 신형 승용차를 만들기 전에 먼저 예비 부품들을 만든다. 그런 다음 승용차들을 만들어 낸다. 당신이 차를 바꾸어야 할 경우를 대비해서 모든 것이 이미 준비되어 있다. 당신이 차를 구입하기도 전에 그들은 당신에게 필요한 것을 마련해 두고 있다.

안내인의 설명을 듣고 있는 동안에 나는 마치 성령님이 바로 그 창고 안에서 이렇게 말씀하시는 것 같았다. "이것이 바로 에베소서 1장 3절의 정확한 뜻이란다. 찬송하리로다. 하나님 곧 우리 주 예수 그리스도의 아버지께서 그리스도 안에서 하늘에 속한 모든 신령한 복을 우리에게 주셨다. 너의 비전에 필요한 모든 것이 이미 마련되어 있어. 나는 하늘에 있는 대형 창고에 그 모든 것을 비축해 두었단다."

나의 소중한 친구인 제시 듀플렌티스가 언젠가 자신이 경험했던 신기한 일을 들려주었다. 그는 영적인 환상을 보게 되었는데 거기서 예수님과 함께 천국 일주를 하게 되었다. 그는 자신의 책에 이 경험을 소개하기도 했다. 여행을 하던 중에 그는 천국의 광활한 어느 한 지역에 도착했는데 거기에는 엄청나게 큰 대형 창고들이 있었다. 창고들마다 이름이 있었는데 자기 이름도 있는 것을 보고는 예수님께 물었다. "저 창고 안에는 무엇이 있나요?" "보고 싶은가?" "네, 제 이름도 저기 있는 걸요." 그들은 창고 위로 올라가서 커다란 문을 열었다. 내부를 들여다보니 천장 꼭대기까지 수십억 달러가 나가는 값비싼 물건들이 꽉 차 있었다. 그런데 한쪽 귀퉁이에 조그마한 공간이 있었다. 그는 물었다. "주님, 온 사방이 진귀한 물건들로 가득차 있는데 바로 문 곁에 비어 있는 저 자리는 무엇입니까?" "저것은 지금까지 네가 나에게 요구한 물품이란다."

친구의 이야기를 듣고 난 후 나는 혼자 다짐했다. "나는 이 세상을 떠나기 전에 내 창고에 있는 것을 깨끗이 비워 놓을 것이다." 천국에 가면 우리가 세상에서 살 때 한 번도 간구하지 않았던 것이 우리 소유로 하늘 곳간에 쌓여 있는 것을 보고 충격을 받을 것이다. 우리는 자기 창고에 있는 물건은 다 사용해야만 한다. 우리는 날마다 하나님께 "오늘 저에게 필요한 것을 허락해 주세요"라고 간구해야 한다. 베드로후서 1장 3절에는 "하나님의 신기한 능력으로 생명과 경건에 속한 모든 것을 우리에게 주셨다"고 기록되어 있다. 하나님은 당신의 요구에 인색한 분이 아니시다.

내가 우려하는 바는 만약 당신이 자신의 몫이 아닌 것을 간구할지도 모른다는 것이다. 그렇지만 당신의 비전이 아니면 그 물자는 다른 사람에게 돌아가야 할 몫이다. 다시 한번 말하지만 당신의 삶을 위한 하나님의 뜻을 인식하는 것이 당신의 번영을 위한 열쇠가 된다.

### 하나님의 다섯 가지 공급 전략

이제부터 성경이 우리에게 가르쳐 주는 다섯 가지 특별한 방법을 나누고자 한다. 이것은 하나님이 우리에게 허락하신 비전을 성취하는 데 필요한 재정과 그 밖에 다른 자원들을 공급하시는 경로다.

### 땅과 그 속에 감추어져 있는 부요

하나님이 우리의 필요를 공급하시는 첫 번째 방법은, 땅을 얻어서 사용하는 능력과 그 안에 내재되어 있는 자원들을 통해서다.

땅은 부에 대한 하나님의 개념이다. 하나님이 첫 번째 사람을 두신 곳이 에덴 동산, 즉 실재적인 땅이었다는 점을 유의해보라. 창세기 2장 7-12절 말씀을 보자.

> 여호와 하나님이 땅의 흙으로 사람을 지으시고 생기를 그 코에 불어넣으시니 사람이 생령이 되니라 여호와 하나님이 동방의 에덴에 동산을 창설하시고 그 지으신 사람을 거기 두시니라 여호와 하나님이 그 땅에서 보기에 아름답고 먹기에 좋은 나무가 나게 하시니 동산 가운데에는 생명 나무와 선악을 알게 하는 나무도 있더라 강이 에덴에서 흘러 나와 동산을 적시고 거기서부터 갈라져 네 근원이 되었으니 첫째의 이름은 비손이라 금이 있는 하윌라 온 땅을 둘렀으며 그 땅의 금은 순금이요 그 곳에는 베델리엄과 호마노도 있으며

이 구절은 에덴을 둘러싼 땅의 부함을 기술하고 있다. 하나님은 그 땅에 순금, 베델리엄, 호마노도 있다고 말씀하셨다. 베델리엄은 향기로운 고무나무로서 아주 값비싼 몰약과 성분이 비슷하다. 호마노는 보석의 일종이다. 이 모든 것이 땅속에 매장되어 있다. 이 본문이 타락 이전 세상의 모습을 설명하고 있다는 점을 유의하라. 그때에는 모든 것이 완벽했는데도 하나님은 금, 향기 나는 고무나무, 그리고 보석에 대한 이야기를 하셨다.

때때로 땅속에 있는 부를 얻기 위해 열심히 일해야 하는 사람들이 있다. 과일 수확은 땅 위의 나무나 채소에서 열매를 따는 것이다. 그러나 석유를 시추하는 사람들은 온몸에 먼지를 뒤집어쓰고 땅 깊숙한 곳으로 파고 들어가야만 한다. 거기에

는 기나긴 고통이 따른다. 우리가 여기서 얻을 수 있는 교훈이 있다. 열심히 일을 하고 남들보다 더 먼 거리를 가는 사람들은 깊은 곳에서 부요를 끌어내는 사람들이다.

창세기를 통해 부가 땅속에 숨어 있음을 보여주는 또 다른 구절을 살펴보자. 아브라함에게 하신 하나님의 첫 번째 약속은 무엇이었을까?

> 여호와께서 아브람에게 이르시되 … 내가 네게 보여 줄 땅으로 가라 … 아브람이 그 땅을 지나 세겜 땅 모레 상수리나무에 이르니 그 때에 가나안 사람이 그 땅에 거주하였더라 여호와께서 아브람에게 나타나 이르시되 내가 이 땅을 네 자손에게 주리라(창세기 12:1, 6-7).

하나님은 아브라함의 아들인 이삭창 26:2-4과 손자 야곱창 28:10-15에게도 땅을 상속하실 것이라는 동일한 약속을 하셨다. 또한 모세를 통하여 이스라엘 백성에게 주시는 땅에 대한 약속을 재차 확인해 주셨다출 3:7-10, 15-17 참조.

창세기 13장 15절에서는 그 땅이 영원토록 아브라함 후손들의 소유가 될 것이라 말씀하셨다. 심지어 오늘날에도 이스라엘 정부는 땅을 시민들에게 팔지 않고 임대해주고 있다. 아무도 땅을 소유할 수 없다. 개인 소유로 건물을 짓고 집을 마련할 수는 있다. 그러나 건물이 서 있는 토지는 정부 소유다. 땅은 하나님의 재산으로 간주하여 개인이 소유할 수 없다.
바하마 연방 공화국을 처음 방문했을 당시 전체적으로 볼 때는 특별한 점이 없었다. 그러나 한 가지 인상적인 점은 그들이 땅의 가치를 인식하고 있었다는 것이다. 그들은 99년을 만기로 사람들에게 땅을 임대해 주었으나 여전히 명의는 그들의 소유로 하고 있었다. 이런 토지제도에 담긴 속뜻은 "당신은 땅을 빌려서 돈을 벌 수 있다. 그러나 땅을 소유하지는 못한다"는 의미다. 당신은 왜 외국인 투자자들이 당신네 나라의 땅을 사고 싶어 하는지 생각해본 적이 있는가? 땅을 소유한 자들이 결정권을 행사한다. 정책과 법률 제정에 영향력을 행사할 수 있는 자들은 그런 전문기관에 몸담고 있는 자들이 아니라 바로 땅을 소유한 자들이다.

성경의 기록에 따르면, 하나님이 처음으로 명하신 부요의 상징은 땅으로 보여진다. 대부분의 사람들이 땅을 소유하는 것이 바람직하다고 본다. 젊은이들이여, 부모님이 남겨주신 땅이 있다면 그것을 팥죽 한 그릇과 바꾸어 먹는 어리석은 짓은 삼갔으면 한다창 25:29-34 참조. 만일 형편이 여의치 못하다면 극히 검소한 생활을 하라. 그러나 땅속에는 부가 담겨 있기 때문에 그것만은 반드시 간직하고 있어야 한다.
우리들 중 어떤 이들은 너무나 천국을 지향한 나머지 사실상 하나님이 우리에게 허락하신 땅을 포기해 버리고 살아가는 사람들도 있다. 마태복음 5장 3-12절을 황금률이라고 말하는데 나는 이 본문을 '삶의 자세'라고 부르고 싶다. 다시 말해서, 이것들은 하나님이 우리에게 바라시는 덕목으로, 우리가 인생을 살아가면서 마땅히 지녀야 하는 삶의 자세다. 마태복음 5장 5절을 유의해서 보라. "온유한 자는 복이 있나니 그들이 … 을 유업으로 받게 될 것이다." 무엇을 받는다고 말하는가? 천국인가? 아니다. 예수님이 하신 말씀대로라면 온유한 자는 '땅'을 기업으로 받게 된다 마 5:5. 그리스도인들은 항상 초점이 천국에 맞추어져 있기에 모든 것을 하늘나라의 관점으로 해석한다. 그러나 하나님은 천국을 위해서 인간을 창조하신 것이 아니다. 우리를 창조하신 하나님의 의도는 우리가 이 땅에서 하나님의 목적을 이루어드리는 것이다.

온유함이란 훈련이나 자제력을 의미한다. 소비생활을 절제하고 가치 없는 일에 돈을 함부로 사용하지 않으며, 지출을 줄이고 저축하는 생활을 시작한다면 당신도 작은 땅덩이 하나는 소유할 수 있을 정도의 돈을 모을 수 있다. 문제는 당신의 삶 속에서 훈련과 자제력을 발휘하는 것이다.

### 일을 할 수 있는 능력

각자의 비전을 위하여 하나님이 공급해주시는 두 번째 방법은 우리의 일이다. 대개 꿈을 향해 전진하고자 결심하면 해야 할 일이 엄청나게 불어난다.

많은 사람이 일의 본질을 잘못 이해하고 가끔 이런 말을 한다. "정말 아담만 생각하면 미칠 것 같아. 지금 내가 이렇게 죽도록 고생하는 것도 바로 아담이 죄를 지어서 그래." 그들은 일이 타락 이전에 주어진 것임을 모르고 있다. "여호와 하나님이 그 사람을 이끌어 에덴 동산에 두어 그것을 경작하며 지키게 하시고"창 2:15. 경작이란 말속에는 창의력과 수고라는 두 가지 의미가 다 포함되어 있다. 일은 저주가 아니라 놀라운 축복이다. 창세기 1장 28절에는 하나님이 남자와 여자를 만드시고 그들에게 땅을 다스리는 권세를 주셨다는 내용이 기록되어 있다. 하나님은 그들에게 복을 주셔서 모든 것을 다스리는 임무를 맡기셨는데 거기에는 일도 포함되어 있었다.

하나님이 우리에게 일을 허락하신 일차적인 이유는 창세기 2장 2-3절에서 발견할 수 있다.

> 하나님이 그가 하시던 일을 일곱째 날에 마치시니 그가 하시던 모든 일을 그치고 일곱째 날에 안식하시니라 하나님이 그 일곱째 날을 복되게 하사 거룩하게 하셨으니 이는 하나님이 그 창조하시며 만드시던 모든 일을 마치시고 그 날에 안식하셨음이니라

세상을 창조하실 때부터 하나님은 손수 일을 하셨다. 그리고 지금도 그분의 목적을 이루기 위해 역사하고 계신다. 예들 들어, 빌립보서 2장 13절 말씀을 보자. "너희 안에서 행하시는 이는 하나님이시니 자기의 기쁘신 뜻을 위하여 너희에게 소원을 두고 행하게 하시나니." 당신은 하나님의 형상을 따라 지음을 받았기 때문에 당신은 일을 하도록 만들어져 있다. 일은 사람을 지치게 만드는 고역이 아니라 즐거운 마음으로 마땅히 감당해야 할 과정임을 기억하라.

일에 대한 또 다른 중요한 면은 당신의 가능성이 일을 통해 드러난다는 사실이다. 일을 통해 무언가가 요구되지 않으면 당신의 내부에 무엇이 들어있는지 보여줄 수 없다. 그러나 요구를 하게 되면 억지로라도 일을 하게 되고 그 성취된 것을 통해 가능성이 드러나게 된다.

게다가 일이란 순리대로 되어져야 한다. 하나님은 열심히 일하셨으며 끝까지 완수하셨다고 성경은 말한다. 그러나 하나님은 하던 일을 멈추고 휴식을 취하기도 하셨다. 하나님은 일주일 내내 온통 일만 하신 것이 아니었다. 하나님은 적당한 때가 되면 쉬기도 하셨으며 우리도 그와 같이 하라고 가르쳐 주신다.출 20:9-10 참조.

인류가 비전, 천직, 일을 허락받게 된 것은 하나님에 대한 예배와 교제를 통해서다. 두 번째 아담이신 예수님은 인류를 위한 하나님의 목적을 생각나게 하는 두 가지 단어를 가장 좋아하신 것 같다. 둘 중 하나는 '아버지'란 단어다. 예수님은 언제나 하늘에 계신 아버지에 관해 말씀하셨으며 기도를 통하여 하나님의 임재를 구하셨다. 나머지 단어는 '일'이다. 예를 들어 예수님께서 말씀하신 다음의 구절들을 생각해 보자. "나의 양식은 나를 보내신 이의 뜻을 행하며 그의 일을 온전히 이루는 이것이니라"요 4:34. "내 아버지께서 이제까지 일하시니 나도 일한다"요 5:17. "때가 아직 낮이매 나를 보내신 이의 일을 우리가 하여야 하리라 밤이 오리니 그 때는 아무도 일할 수 없느니라"요 9:4. "아버지께서 내게 하라고 주신 일을 내가 이루어 아버지를 이 세상에서 영화롭게 하였사오니"요 17:4.
예수님은 하나님 아버지의 일을 끝까지 완수하려는 뜻을 품고 계셨다. 우리는 하나님이 허락하신 은사와 달란트를 계발하고 사용하는 한편 하나님의 목적을 이루겠다는 의욕을 잃지 않아야 한다. 우리는 게을러서는 안 된다. 오히려 인생의 비전을 발견하여 그것을 이룰 수 있도록 마음을 다해 일에 열중해야 한다. 노동에 임하는 우리의 태도와 동기는 우리가 지음받은 대로 목적을 완수하는 것이다.
예수님은 다음과 같이 말씀하셨다.

> 예수께서 대답하여 이르시되 내가 진실로 진실로 너희에게 이르노니 너희가 나를 찾는 것은 표적을 본 까닭이 아니요 떡을 먹고 배부른 까닭이로다 썩을 양식을 위하여 일하지 말고 영생하도록 있는 양식을 위하여 하라 이 양식은 인자가 너희에게 주리니 인자는 아버지 하나님께서 인치신 자니라 (요한복음 6:26-27).

다시 말해서, 일을 하는 데에는 단순히 육체적인 필요를 마련하기 위해서가 아니라 그보다 더 높은 차원의 이유가 있다. 그러므로 생계를 꾸려나갈 돈 하나만을 위해 일을 해서는 안 된다. 에덴 동산에서는 감독자도 없었고 봉급 명세서를 건네주는 사람도 없었다. 아담에게 일이 주어진 것은, 노동이야말로 아담이 살아가는 일상의 자연스런 한 부분이었기 때문이다. 노동을 통하여 아담은 하나님의 형상을 따라 지음을 받은 인간으로서 그의 목적의 한 부분을 성취할 수 있었다.

우리는 자기에게 주어진 것을 배가하거나 고양시켜야만 한다. 달란트 비유를 보면 어떤 사람이 먼 나라로 여행을 떠나면서 세 명의 종들에게 자기 소유를 맡겼는데 각기 5달란트, 2달란트, 1달란트를 분배해 주었다. 떠나기 전에 그는 종들에게 이런 식으로 말했을 것이다. "이제 내가 돌아오면 내가 너희에게 준 원금이 아니라, 내가 투자한 액수만큼 이윤을 보고

자 한다." 주인이 돌아왔을 때 1달란트 받은 종이 그 돈을 가지고 아무런 이익도 남기지 않았다는 것을 알고서 주인은 그를 '악하고 게으른' 종이라고 호통을 쳤다마 25:26. 만일 우리가 10년 전에 하던 그 수준으로 일을 하면서 아직도 아무런 진전을 보이지 않는다면 그것은 정상이 아니다.

"5달란트 받은 자는 바로 가서 그것으로 장사하여 또 5달란트를 남겼다. 이 사람은 어떻게 이윤을 남겼는가? 그는 원금으로 장사를 해서 그 돈을 배로 남겼다. 하나님은 우리가 비전을 받았으면 이 땅에서 하나님의 나라를 넓히도록 나가서 일하기를 원하신다.

### 개발하는 능력

각자의 비전을 위하여 하나님이 공급해 주시는 세 번째 방법은 하나님이 우리에게 환경을 개발할 수 있는 능력을 주셨다는 것이다. "여호와 하나님이 그 사람을 이끌어 에덴 동산에 두어 그것을 경작하며 지키게 하시고"창 2:15. 하나님은 사람들이 식물을 관리하고 키워나가기를 원하신다는 사실을 유의해 보면 흥미로운 사실을 발견할 수 있다. 하나님은 광야와 황무지를 개발하시는 것을 무척 좋아하신다. 그래서 하나님은 우리에게 자신의 형상을 반영하는 한 가지 방식으로서 개발할 수 있는 능력을 허락하셨다. 창세기 1장 2절을 기억해보면 하

하나님은 '아무 형태도 없고 공허한 상태'에서 세상을 지으시고 아름답게 가꾸셨다.

요즈음에 개발되고 있는 거의 모든 땅 덩어리들은 오래전부터 그런 상태로 있었지만 지금까지 어느 누구도 그것을 가지고 무엇을 해 보리라는 생각은 엄두도 내지 못했다. 예를 들어, 당신은 매일 같이 어떤 지대를 지나치면서도 불도저와 기타 건축 장비들이 땅덩어리를 갈고 엎는 광경을 보기 전까지는 한번도 거기에 대해 깊이 생각해본 적이 없을 것이다. 개발의 은사에서 큰 비중을 차지하는 것은 사람들이 황무지로 여기는 그 속에서 가능성을 바라볼 수 있는 능력이다.

바하마에 있는 호그 아일랜드(Hog Island; 쓰레기 섬)에 대한 이야기를 들려주겠다. 수년 전에 사람들이 그 섬에 온갖 쓰레기를 가져다 부어서 야생 돼지들이 그 속에서 먹이를 찾아 코를 들이대고 있었다. 이곳에 있는 돼지들은 그 이름에 걸맞게 정말 돼지처럼 살아가고 있었다. 주변에는 들개들도 돌아다니고 있었다. 체면을 생각하는 사람이라면 그 주변에는 얼씬도 하지 않았다.

그러던 어느 날 바하마의 호그 아일랜드 상공을 비행하는 중에 다른 사람이 볼 수 없었던 것을 보게 된 사람이 있었다. 그는 그 섬을 사서 아름답게 꾸미고 그곳을 환상적인 섬으로 탈

바꿈시켰다. 오늘날 호그 아일랜드는 유명 관광지가 되었고, 지금은 '파라다이스'라는 새로운 이름을 가지게 되었다. 쓰레기 섬이 그렇게 변할 수 있었던 것은 누군가가 그 섬을 개발했기 때문이다.

어떤 사람이 당신에게 이런 말을 했다고 가정해보자. "변두리 지역에 우리 명의로 되어 있는 땅이 좀 있는데 그것을 구입해 볼 생각은 없으세요?" 당신은 상가지역의 땅이 더 마음에 들기 때문에 그곳을 매입하는 것은 시간과 돈을 낭비하는 것이라고 생각할 수 있다. 그러나 알고 보면 상가지역은 이미 개발이 되었기 때문에 비전이 없다. 호그 아일랜드를 구입할 당시 그는 사실상 공짜로 얻은 것이나 다름없었다. 주인은 그 땅이 단지 쓰레기에 불과하니 아무나 가져가도 좋다고 생각했을 것이다. 그러나 그 사람은 그곳을 매입했을 때 쓰레기로 보지 않았다. 그는 그 속에서 휴양지를 보았던 것이다.

주변에 있는 것들을 개발하여 그것을 비전을 위한 자원으로 활용할 수 있다. 그것이 바로 우리 바하마 국제선교단체가 시도하고 있는 일이다. 우리는 섬의 중앙부에 있는 황무지 땅을 대단히 유리한 조건으로 구입하여 지금은 국제 지도자센터로 바꾸어 가고 있다. 하나님은 꿈을 가지고 그것을 실천하는 사람들을 원하신다. 아마 당신이 살던 곳이 한때는 주거지역이었으나 지금은 중심 상가로 탈바꿈했을지도 모른다. 당신은 자신이 소유하고 있는 주택을 사업적인 관점에서 바라보지 못하는 경우가 허다하다. 꿈을 가져라. 생각하라. 바라보라. 당신의 눈을 크게 떠라. 예를 들어, 몇 년 계약으로 집을 임대해서 업체나 식당 자리로 개조하여 거기서 이익금이 나오면 근사한 주택을 하나 마련할 수 있을 것이다. 지금 당신이 가지고 있는 것을 개발하여 비전을 향해 더 멀리 나아가라.

**미래를 위해 보존하고 비축하는 능력**

당신의 비전을 위해 하나님이 공급해 주시는 또 하나의 방법은 미래를 위해 보존하고 비축할 수 있는 지혜를 주시는 것이다. 예를 들어, 하나님은 기근이 닥칠 것을 미리 알고 계셨기 때문에 요셉의 가족을 보호하고자 형제들과 아버지보다 먼저 요셉을 이집트로 보내셨다. 그 땅에 기근이 들이닥치자 요셉의 가족들은 목숨을 유지하기 위해 다른 곳으로 이주를 해야만 했다. 당신이 가는 길을 예비하도록 하기 위해 하나님으로부터 개척자의 소명을 받은 사람들이 있다.
또한 하나님은 당신에게 필요한 물품을 예비해 두셔서 장래에 적당한 시기가 오면 찾아 쓸 수 있도록 하신다. 당장 오늘뿐 아니라 내일 필요한 계획도 세워야 한다. 염려하는 것이 아니라 계획을 세우라는 것이다. 사실 계획을 세우면 염려는

달아나 버린다. 당신에게 염려가 생기기 시작하는 것은 계획이 없을 때이다. 우리는 하나님이 주시는 일용할 양식으로 살아간다. 그러나 하나님은 우리가 계획적으로 일을 해 나가기 원하신다. 하나님의 뜻 안에서 미래를 설계한다면 하나님은 당신에게 복을 주시고 비전에 필요한 것을 공급해 주실 것이다. 예를 들어, 하나님은 요셉에게 기근 때를 위해 식량을 비축해 놓을 수 있는 계획을 세우도록 하셨다. 요셉은 풍년이 든 7년이란 기간에 기근에 대비해서 추수한 곡식을 저장해 놓았기 때문에 이집트 주변국들이 흉년을 당했을 때 주림을 면할 수 있었다.

하나님은 미래를 알고 계시므로 당신에게 통찰력을 주셔서 필요한 시기를 위하여 물건을 쌓아 둘 수 있도록 하신다.
예수님의 비유에서 한 달란트 받은 종이 그것을 땅에 묻어 두었을 때 주인이 어떻게 책망했는지 살펴보자. "너는 그것을 땅에 묻어두지 말고 은행에 넣어두었더라면 최소한 이자는 받을 수 있었을 것이다" 마 25:14-27 참조. 미래나 혹은 목적을 위하여 비축해 두는 삶을 살 때 하나님이 당신을 축복해 주실 것이다.

**부를 전달하는 능력**
비전을 위하여 하나님이 공급하시는 또 다른 방식은 당신이 꿈을 가진 후대들을 도울 수 있도록 하시는 것이다. 하나님은 당신 혼자만이 그 부를 누리기를 원하지 않으신다. 하나님은 당신의 자녀들과 후손들도 그것을 누리기 원하신다. "선인은 그 산업을 자자 손손에게 끼친다"잠 13:22. 당신의 후손들은 어떠한가? 호그 아일랜드를 개발했던 사람의 후손들은 '파라다이스'를 상속받을 것이다. 후손들을 위하여 당신이 물려줄 비전은 무엇인가?

하나님은 우리가 다음 세대를 생각하기 원하신다. 그러므로 하나님이 당신에게 하시는 말씀에는 당신의 후손들이나 혹은 당신 뒤에 나타날 후세에 대한 생각도 포함되어 있다. 이와 같이 하나님은 대를 걸쳐서 부를 허락하시므로, 당신도 앞날에 대한 계획을 세우고 비축해 둘 때 반드시 후손들을 염두에 두어야 한다.

## 비전의 원리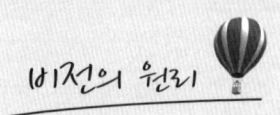

1. 우리가 해야 할 일은 비전을 이해하고, 믿고, 작성하는 것이다. 반면에 이 모든 것을 성취하는 책임은 하나님의 몫이다.
2. 당신이 감당할 사명을 위해 사용할 능력과 자원들이 마련되어 있다. 비전을 향한 행동을 시작하기 전까지는 그분의 공급이 드러나지 않는다.
3. 하나님은 이미 하늘에 속한 모든 신령한 복을 우리에게 주셨다.
4. 참된 번영은 염려나 걱정에서 자유롭게 되는 것을 의미하며, 필요한 모든 일에 돌보심을 받아 온전히 만족한 상태가 되는 것을 말한다.
5. 하나님이 목적을 세우실 때는 모든 것이 다 번성하도록 계획하셨다.
6. 비전에 순종하는 것은 당신의 인생뿐 아니라 동역하는 사람들의 삶에도 영향을 준다.
7. 우리의 비전이 성취될 수 있도록 하나님이 자원을 공급하시는 다섯 가지 특별한 방법이 있다. ① 땅과 그 속에 감추어져 있는 부 ② 일을 할 수 있는 능력 ③ 개발하는 능력 ④ 미래를 위해 보존하고 비축해 두는 능력 ⑤ 부를 전달하는 능력(대를 이어가는 부)

# 원리 10<sup>#</sup>
# 끈기와 성실함으로 무장하라

모든 비전은 진위를 위해 검증되어진다.

**13장**

    비전을 성취하는 데 필요한 열 번째 원리는 끈기를 발휘해야 한다는 것이다. 앞에서 언급했듯이, 당신이 비전을 이루고자 할 때, 거기에는 반드시 비전을 가로막는 장애가 찾아올 것이다. 하나님이 허락하신 비전이라 할지라도 그것이 수월하게 얻어지는 법은 없다. 이러한 현실에서 당신만은 예외일 것이라고 생각하지 말라. 당신이 비전의 사람이 되고자 결심하는 순간부터 당신의 비전을 방해하는 갖가지 현상이 나타날 것이다. 그러므로 앞으로 다가올 어떤 도전에도 맞설 수 있도록 철저한 준비를 해 두어야만 한다.

어떤 일도 시도하지 않는 사람들에게는 그다지 엄청난 시련이 생기지 않는다. 만약 그런 장애가 두려워 어떤 비전도 세우고 싶지 않다면 인생을 그저 되는 대로 살아가면 된다. 비전을 좇아서 살아가다 문제에 직면하면 이렇게 고백하라. "하나님 감사합니다. 적어도 저는 전진하고 있군요!"

하나님은 스트레스를 받고, 실망하며, 고통의 시기가 온다 할지라도 비전은 반드시 실현될 것이라고 말씀하신다. 비전이 성취될 것인가의 문제보다 더 중요한 것은 비전을 대하는 우리의 태도다. 우리는 시련의 한가운데서도 비전에 충실하여 하나님이 그 일을 이루어주실 것을 믿어야 한다. 하나님의 성품을 나타내는 단어 중 하나가 신실하심이다. 하나님은 신실하신 분이기에 그분이 이루실 것이라 결정한 사항이라면 어느 누구도 그 일을 막을 수 없다. 우리가 비전을 따라 살아갈 때, 하나님의 이런 성품을 기억하고 주장할 필요가 있다.

비전을 끝까지 밀고 나가는 것과 관련하여, 우리가 하나님의 성품을 이해하도록 도움을 주는 또 다른 말은 '견고하다'는 단어다. 견고하여 흔들림이 없다는 것은 어떠한 저항에도 굳게 서 있는 상태를 의미한다. 견고하게 서 있으면 반대에 부딪히게 되더라도 방향을 돌리거나 이전의 자리로 되돌아가는 일은 없을 것이다. 그러므로 저항에 부딪히게 되면 오히려 결심을 더욱 강하게 하고 다시 전진할 수 있는 끈기를 발휘해야만 한다.

'용기'란 끈기와 관련된 보다 더 중요한 단어다. 용기는 두려움에 맞서서 굳게 버틸 수 있는 능력이다. 믿음으로 살아가는 중에도 두려움은 찾아온다. 이상하게 들릴지 모르겠지만 믿음은 언제나 우리 힘으로는 할 수 없다고 여기는 일들을 요구한다. 그러므로 이런 도전을 받으면 두렵고 떨리기 마련이다. 하지만 하나님은 여호수아에게 "강하고 담대하라"고 격려하셨다수 1:6, 9. 왜 하나님은 이런 말씀을 하셨을까? 여호수아는 두려움에 떨었던 것이 확실하다! 그러나 두려움 때문에 용기를 가지게 된다면 두려움이란 감정을 너무 부정적으로 몰아갈 필요는 없을 것이다. 비전이 너무 엄청나서 발을 내딛기가 두렵다면 하나님을 신뢰하라. 그리하면 용기가 솟아날 것이다. 용기란, '나는 두렵지만 여전히 나아가고 있다'라는 의미다.

그러므로 비전을 따라가다 고난에 부딪치면 이렇게 말하자. "이 고난은 오래 가지 않을 거야. 하나님이 함께하시니 나는 넉넉히 감당할 힘이 있어"마 19:26 참조. 당신은 하나님의 힘을 의지할 때, 고난을 이전과는 다른 관점에서 보게 된다. 결국 당신은 현재 당하는 시련보다도 더욱 강해질 수 있다. 비전과 맞닥뜨리게 되는 모든 저항은 당신을 나약하게 만드는 것이 아니라 더욱 지혜롭게 하는 기회가 된다. 그러므로 어떠한 반대에도 포기하는 것이 아니라 더욱 강해져야 한다. 바울은 시련을 통하여 우리의 믿음이 정금같이 연단된다고 말했다. 그러므로 우리는 "고난이 와도 좋다! 어디 한번 도전해 보자"라고 담대히 외칠 수 있다.

### 고난 극복하기

인생에는 여러 가지 유형의 도전과 고난들이 있다. 예수님은 이 세상에 계시는 동안 수많은 도전을 받으면서도 어떻게 비전을 이루시는지를 우리에게 보여주셨다. 주님은 갖가지 문제들과 장애에 직면하셨지만 그분의 비전은 실현되었다. 도전을 극복하는 방법을 배울 때 주님은 우리의 가장 위대한 스승이 되신다.

### 불우한 가정 환경

우리 중에 어떤 이들은 인생의 출발부터 어려웠을 것이다. 당신의 어린 시절에 부모님이 이혼을 했을지도 모른다. 어쩌면 아버지가 누군지도 모르고 태어난 사람도 있을 것이다. 예수님께서도 '사생아' 취급을 받으셨기 때문에 말 못 할 가족의 배경을 안고 살아가는 사람들의 기분이 어떠한지 알고 계신다. 주님은 온 세상 사람들이 다 이상하게 여길 수 있는 그런 '의문스런 환경' 가운데서 출생하셨다.마 1:18-25 참조. 그러나 주님은 하늘에 계신 아버지와의 관계를 지속하고 하나님의 아들로서 그분이 감당해야 할 사명을 포기하지 않으셨다. 마찬가지로 당신의 배경이 어떠하든지 간에 하늘에 계신 아버지와 관계를 맺고 있으면 곤란한 환경을 극복할 수 있으며 비전을 성취할 수 있을 것이다.

## 가족의 기대

당신은 하나님의 계획이 아님에도 불구하고 가족들의 기대에 눌려 어떤 직업이나 생활방식을 따라가고 있지 않은가? 당신의 삶을 위한 하나님의 계획을 알기 위해 굳이 성인이 되거나 '모든 것이 갖추어질 때'까지 기다려야 할 필요는 없다. 부모님이 당신에게 "너는 이런 길을 가라"고 하였지만 당신은 다른 일로 부름을 받았다고 생각할 수 있다.

예수님도 이와 비슷한 문제에 직면하신 적이 있었다. 12살이 되셨을 때, 주님은 자신이 태어나서 해야 할 일이 무엇인지를 알고 계셨다. 그러나 예수님의 육신의 부모님은 주님의 비전을 이해하지 못했다. 더군다나 주님이 "내가 내 아버지 집에 있어야 될 줄을 알지 못하셨나이까"라고 말했을 때도 그들은 깨닫지 못했다.눅 2:49-50 참조. 예수님이 장성하셨을 때 어머니 마리아는 때가 이르기 전에 비전을 성취하도록 주님을 밀어붙였다. 주님은 "내 때가 아직 이르지 아니하였나이다"라고 이야기할 수밖에 없었다.요 2:4. 비록 예수님께서 부모님을 귀하게 여기고 존중하셨지만, 주님은 반드시 자신의 삶을 위한 하나님의 목적을 따라야만 했다.눅 2:51-52 참조.

실제로 가족의 반대에 부딪혀 본 사람은 다 알겠지만 그것은 무척 괴로운 일이다. 하지만 당신은 하나님이 허락하신 비전을 따라가야만 한다. 동시에 부모님에 대해서는 언제나 인간의 도리를 지켜서 존경과 사랑을 표시해야만 한다.

### 다른 사람들의 시기와 궤계

예수님은 당신이 상상할 수 있는 모든 것을 경험하셨다. 예수님을 반대하는 사람들은 틈만 나면 주님을 넘어뜨릴 궁리를 했다. 주님을 함정에 몰아넣을 계획으로 술책을 써서 질문을 하는 사람들도 있었다. 한때는 무리들이 떼를 지어 예수님을 벼랑 끝으로 밀쳐 내려고 했다. 종교 지도자들은 주님을 죽일 음모를 꾸몄다. 사람들은 주님을 귀신 들린 자 혹은 사생아라고 불렀다. 주님을 탐욕스러운 인간 혹은 술주정뱅이라고 불렀다. 사람들은 별의별 이유를 들어서 주님을 공격했다. 가장 가혹하고도 험악한 말은 예수님에게 귀신이 들렸다고 조롱한 것이었다.

예수님은 이것을 어떻게 극복하셨는가? 모든 고난에도 불구하고 하나님 아버지가 보내셔서 시키신 일을 어떻게 완수하셨을까? 예수님은 자신의 마음에 품은 목적이 위협, 고소, 모욕보다도 더 크다는 것을 알고 계셨기에 여러 가지 시련 가운데서도 당당한 자세를 취하실 수 있었다. 주님은 꿈을 잃지 않고 인내하는 법을 알고 계셨다. 당신도 어떤 반대에도 불구하고 비전을 더욱 키워서 인내할 수 있어야 한다.

## 비전은 성실을 요구한다

"비전은 성실을 요구한다." 이 말을 기록하여 매일 어디서나 볼 수 있도록 붙여놓기를 바란다. '인내한다'는 것은 어떠한 저항이 와도 굴하지 않겠다는 마음의 다짐이며, 다음과 같은 태도로 맞서는 것이다.

"네가 포기하는 게 낫다. 나는 포기하지 않을 테니까."
"나의 길에서 물러서라. 나는 끝까지 갈 것이다."
"무엇을 잃는다 해도, 나는 살아 있다. 그러므로 다시 회복할 것이다!"

인내는 야곱이 하나님께 드렸던 말에서 잘 나타난다. "당신이 내게 축복하지 아니하면 가게 하지 아니하겠나이다"창 32:26.

느헤미야는 온갖 문제, 중상모략, 조롱 때문에 예루살렘 성벽을 쌓는 일을 중단할 수 있었지만 끝까지 참고 자신의 비전을 완수했다. 그에게는 끈기가 있었다. 끈기에는 다음과 같은 의미가 있다.

- 당신이 추구하는 바를 끝까지 주장한다.
- 저항을 누그러뜨릴 때까지 당당한 자세로 대처한다.

- 당신을 반대하는 사람들이 항복하여 친구가 되든지 아니면 당신을 혼자 내버려두든지 담판을 짓도록 만든다.
- 당신이 다 완수했을 때만 멈춘다.

비전에 대한 당신의 열망은 어느 정도인가? 예수님은 누가복음 18장에서 끈질긴 여인에 관한 이야기를 들려주셨다. 여인은 재판관이 마침내 "네 소원을 들어주겠다"고 응답할 때까지 지칠 줄 모르고 올바른 판결을 내려 달라고 자신의 문제를 호소했다 눅 18:2-8 참조. 하나님은 당신도 같은 태도를 취하기를 원하신다. 하나님은 당신이 "인생아, 너는 바로 내 밥이다!"라고 외치기를 원하신다. 많은 사람이 실패하는 이유는 인생의 첫 숟가락부터 배를 불리려고 하다가 아무런 응답이 없으면 그만 떠나가 버리기 때문이다. 그러나 끈기 있게 버티는 사람은 반드시 이기게 되어 있다. 그들은 결코 안 된다고 말하는 법이 없다.

### 임전무퇴의 정신으로 머물라

언젠가 이스라엘의 한 호텔에 투숙하게 되었는데, 시차 때문에 도저히 잠이 오지 않았다. 새벽 2시가 다 되어도 눈을 붙이지 못하자 하는 수 없이 텔레비전을 켰다. 마침 권투 시합을 중계하고 있었다. 12라운드 타이틀 매치였는데 멕시코 선수가 주먹을 날려 미국 선수를 계속 연타하고 있었다. 미국 선수가 싸우려고 덤벼들 때마다 멕시코 선수는 사정없이 주먹을 날렸다.

6라운드에 접어들자 미국 선수가 심하게 얻어맞아서 비틀거리며 코너로 몰려 걸상에 주저앉더니 마치 감자 자루처럼 폭삭 고꾸라졌다. 그다음 나는 이상한 광경을 보게 되었다. 2초도 안 되어 3-4명의 사람이 그 선수에게 달라붙어서 온갖 정성을 쏟는 게 아닌가. 한 사람이 물을 가지고 와서 그에게 끼얹자, 한 사람은 흠뻑 젖은 스펀지를 가지고 얼굴 전체를 두드려 주는가 하면, 또 한 사람은 기름을 발라서 상처를 부드럽게 마사지하고 있었다. 그가 무참히 당하고 있는데도 "너는 해 낼 수 있어. 너는 지금 이 곤경에서 벗어날 수 있어. 너는 강한 놈이야! 네가 저 녀석보다 더 훌륭하단 말이야"라고 하나같이 선수를 격려했다. 그중 한 명이 이렇게 말했다. "계속해서 왼쪽을 쳐 알겠어? 저 녀석은 왼쪽이 느려. 왼쪽만 잘 주시하면 너는 해 낼 수 있어." 약 2분 후에 미국 선수가 몸을 튕기듯이 벌떡 일어났다. 그가 링으로 달려가더니 7라운드에서 모든 것을 역전시켰다.

6라운드까지는 거의 포기상태에 있던 선수가 승리의 메달을 받았다. 곳곳에 피가 묻어 있었지만 그 핏속에는 투지가 깃들어 있었다. 그가 결단을 내렸을 때 모든 힘이 솟구쳐 나왔다. 그는 환호성을 지르며 보란 듯이 링 위를 뛰어다녔다.

때때로 인생을 살다 보면 시퍼렇게 멍이 들 때도 있겠지만 절대로 싸움에서 물러나서는 안 된다. 승리의 기쁨을 만끽할 때까지 싸워라. 곧 패배할 것 같은 생각에 쫓겨 한쪽 구석으로 비틀거리며 달아날 때, 하나님이 오셔서 그분의 말씀으로 당신의 머리를 식혀주실 것이다. 하나님은 당신의 상처에 성령의 기름을 발라 주실 것이다. 하나님이 당신의 영을 문질러 소생케 하시면 다시 벌떡 일어나 이렇게 외칠 수 있을 것이다. "자! 인생이여, 오라. 내가 맞서 주겠다." 마치 권투선수를 지도하는 코치처럼 성령님이 당신의 속사람을 훌륭하게 지도해 주실 것이다. "너희 안에 계신 이가 세상에 있는 자보다 크심이라" 요일 4:4.

하나님은 우리가 그리스도의 강한 군사가 되기를 원하신다 딤후 2:3-4 참조. 우리는 용감한 군인이다. 성경은 우리를 가리켜 '씨름하는 자'라 부른다 엡 6:12. 이것은 우리가 하나님으로부터 메달을 받는 것이 아니라는 뜻이다. 우리는 메달을 따내야만 한다. 만약 싸우는 것이 하나님이 원하시는 바가 아니라면 그분은 당신에게 아무런 투쟁 없이 메달을 허락하셨을 것이다.

성경은 "우리 형제들이 어린 양의 피와 자기들이 증언하는 말씀으로써 그를 이겼으니"라고 말씀한다계 12:11. 당신은 넘어지고 자빠져 수많은 상처를 안고 있을지도 모른다. 그러나 목표를 향하여 앞만 보고 걸어가라. 그러나 당신에게는 반드시 승리가 보장되어 있다. 왜냐하면 하나님이 함께 계셔 당신이 계획을 실행해 나갈 때 역사해 주겠다고 약속하셨기 때문이다. 나는 바울이 고백한 로마서 8장의 말씀을 자주 암송한다.

> 누가 우리를 그리스도의 사랑에서 끊으리요 환난이나 곤고나 박해나 기근이나 적신이나 위험이나 칼이랴 … 그러나 이 모든 일에 우리를 사랑하시는 이로 말미암아 우리가 넉넉히 이기느니라(로마서 8:35, 37).

이 세상에 있는 어떠한 어두움도 하나님이 당신의 마음속에 넣어두신 빛을 끌 수는 없다. 당신이 품고 있는 비전의 빛은 너무나 강하고 밝아 사람들의 여론, 과거의 실패 등 이 세상의 모든 어두움을 다 합하여도 결코 소멸되지 않는다.

## 고난을 견디라

인내는 실제로 '고난을 견딘다'는 의미다. 나는 엘리너 루즈벨트의 말을 즐겨 인용하는데 사실 이것은 모든 사람에게 적용할 수 있다. "여자는 차를 넣어둔 티백과 같다. 뜨거운 물에 들어갈 때까지는 그것이 얼마나 강한지 결코 알 수 없다." 성공적인 사람들은 티백과 같다. 뜨거운 물에 들어가면 그들은 차의 향기를 우려낸다. 그들은 고난을 통하여 건설적인 일을 해낸다. 그들은 고난을 견디고 활용하여 자신에게 유익을 주는 방향으로 만들어 나간다. 비전을 가진 사람들은 인생에 불어 닥치는 고난보다 더욱 강한 힘을 발휘한다.

나는 장미를 으깨기 전에는 깊은 향기를 맡을 수 없다는 사실을 발견하고는 많은 묵상을 하게 되었다. 하나님은 당신의 인생에서 하나님의 영광의 향기를 끌어내기 위하여 당신을 고난 가운데 두시기도 한다. 그러나 인격은 고난을 통하여 다듬어진다는 사실을 잊어버린 채 우리는 너무 안일하게 살아가려고 한다. 고난의 목적은, 하나님께 속하지 않는 불순물은 제거해 버리고 순금만 남기려 하는 것이다.

당신은 지금 고난 가운데 있을지도 모른다. 원수들이 주는 고난을 통하여 하나님의 영광이 드러나도록 하라. 당신에 관해서 사람들이 무슨 말을 하든지 간에 대꾸하지 말라. 당신을 말거리로 삼아 수군대도록 내버려 두라. 그들이 어떻게 생각하든지 간에 그것은 문제가 되지 않는다. 이런 상황을 극복할 것이라는 사실을 알고 있기에 당신은 얼굴에 미소를 지을 수 있다. 성경은 성공하는 사람들을 조급하지 않고 끝까지 인내하는 사람들이라고 말한다.마 24:13; 막 13:13; 약 5:11 참조•
그러므로 도망치지 말라. 끝까지 싸워 이겨라!

### 희생을 감수하라

나는 인생의 초창기에 "사랑하는 내 아들 마일즈야, 대가를 지불할 수 있도록 마음 준비를 단단히 하고 있어야 한다"라고 권면하시는 하나님의 음성을 들었다. 그런 체험을 했기에 나는 대가를 받아들일 마음의 준비가 되어 있다.

때때로 비전을 간수하기가 무척 힘들다고 생각되는 때가 있을 것이다. 그 심정을 이해한다. 나 역시 묵묵히 비전을 따라간다는 것이 고통스러울 때가 있다. 나에게 허락하신 소명이 비싼 대가를 요구하듯 나의 비전은 항상 희생을 요구한다. 우리는 바울과 같은 인물이 되어야 할 필요가 있다. 그는 하나님이 허락하신 비전에 순종하여 엄청난 희생을 치르고 사명을 감당했다.

### 비전의 진위가 시험된다

만약 당신의 비전이 거짓이 아니라면 인생이 그것을 시험하려 할 때, 그저 확신 가운데 서 있으라. 인생을 살아가면서 당신이 앞으로 어떤 일을 할 것인가를 선포하고 나아갈 때

곤란한 일이 생기더라도 두려워하지 말라. 당신의 의지를 시험하기 위해서는 고난이 따른다. 그러므로 위기를 반드시 부정적이라고 몰아붙일 수는 없다. 위기는 단순히 우리를 시험하고 성숙하게 만드는 전환점이다. 위기를 통해 당신은 한 단계 더 놀라운 도전과 승리를 맛보게 될 것이다.

만약 시련이나 연단으로 중단되거나 끝내버리는 비전이라면 그것은 진정 하나님으로부터 온 것이 아니다. 이 사실을 염두에 두면 공동체의 비전에 합류할 것인지를 고려해야 할 때 도움이 될 것이다. 부정한 사업이나 경영에 연루되지 않도록 조심해야 한다. 미리 상황을 잘 파악해 보고 비전을 검증하도록 하라.

### 반대에 직면할 각오를 하라

하나님이 아브라함에게 그의 후손들이 상속할 땅을 보여주셨을 때, 눈으로 바라볼 수 있는 모든 것이 다 그의 것이 될 것이라고 말씀하셨다. 그러나 그 땅에는 모압 족속, 히타이트 족속, 가나안 족속, 아모리 족속들이 가득 차 있었으며 그들 모두가 이스라엘의 대적들로 등장했다. 마찬가지로 하나님이 우리에게 비전을 보여주실 때마다 거기에는 처음에 볼 수 없는 '원수들'이나 혹은 반대 세력이 가득 차 있다. 비전은 대단히 근사해 보이지만 여전히 반대하는 세력들이 존재한다. 그러므로 만일 당신이 바로 지금 '땅에 있는 어떤 원수들'을 만나고 있는 중이라면 그것은 당신의 믿음이 굳게 세워지는 하나의 과정이라고 생각하고 용기를 잃지 말아야 한다. 하나님은 당신이 비전에 대한 반대에 직면하게 될 때 흔들림이 없이 굳게 서 있도록 도와주실 뿐만 아니라 그것을 극복하도록 하신다.

## 비전의 원리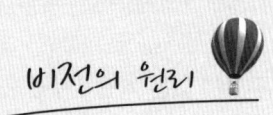

1. 하나님이 허락하신 비전을 이루기 위해서는 반드시 끈기가 있어야 한다.
2. 신실하다는 것은 달성하기로 결심한 것에 대하여 진실하며 무슨 일이 닥쳐와도 그 일을 포기하지 않는 것이다.
3. 비전과 맞닥뜨리는 모든 저항은 당신을 나약하게 만드는 것이 아니라 지혜롭게 한다. 모든 반대는 당신이 포기하도록 만드는 것이 아니라 당신을 더욱 강하게 만든다.
4. 인격은 고난을 통하여 다듬어진다. 고난의 목적은, 하나님께 속하지 않는 불순물은 제거해 버리고 순금만 남기는 것이다.
5. 고난은 인내를 가져다주는 열쇠이기에 고난의 유익을 아는 사람을 저지할 수 있는 것은 아무것도 없다.
6. 성공하는 사람들은 조급하지 않고 끝까지 인내하는 사람들이다.

# 원리 11# 인내하며 기다리라

시간이 걸리더라도 기쁨으로
기다리면 비전을 이룰 수 있다.

**14장**

비전을 성취하는 데 필요한 열한 번째 원리는 인내하는 것이다. 비전이 성취되기까지 시간이 걸릴 수도 있다. 그러나 기쁨으로 기다리면 반드시 실현될 것이다. 히브리서 기자는 우리에게 다음처럼 말한다. "너희 담대함을 버리지 말라 이것이 큰 상을 얻게 하느니라 너희에게 인내가 필요함은 너희가 하나님의 뜻을 행한 후에 약속하신 것을 받기 위함이라" 히10:35-36. 언제나 오래 인내하는 사람들이 상을 얻는다.

## 인내는 계획을 궁극적인 성공으로 이끈다

어떤 사람들은 비전을 실천할 계획을 세울 때, 자신의 시간에 억지로 맞추거나 자기 나름대로의 방식으로 이루고자 한다. 그러나 비전은 서두른다고 될 일이 아니다. 비전은 하나님이 허락하신 것이므로 하나님이 계획하신 때에 성취하실 것이다. "그렇다면 애초에 계획을 세울 필요가 무엇인가?"라고 반문할지 모른다. 계획을 세워야 하는 이유는 전체 비전은 그대로 유지하면서 필요하고도 적절한 경우에 수정을 하여 신속하게 대처해 나가기 위해서다. 우리는 하나님이 아니기 때문에 모든 것을 다 알 수는 없다. 한 단계씩 발걸음을 옮길 때마다 인내하면서 하나님의 인도를 받아야만 한다. 하나님은 우리를 한걸음씩 인도하겠다고 약속하셨다. 한걸음씩 인도를 받는 과정 가운데 하나님께서 목적을 위하여 역사하시는 일이 우리에게 선명하게 드러나게 되며, 그에 따라 계획도 약간씩 수정해야 한다.

만약 하나님이 한꺼번에 모든 계획을 다 보여주신다면 우리는 실망할지도 모른다. 그러나 비전의 경로를 거치며 성장하고 성숙되어질 때, 하나님의 인도하심을 따라갈 수 있고, 우리의 기대를 조정할 수 있으며, 그에 맞는 계획을 세울 수 있다. 우리는 삶 속에서 "이것이 바른 길이니 너희는 이리로 가라"사 30:21는 성령의 인도하심을 민감히 알아차려 주님을 따라가는 법을 배우게 된다.

다시 한번 강조하는 바는 목표는 반드시 마감일을 정해야만 한다는 것이다. 그러나 그런 마감 날짜를 재조정할 수 있는 여유도 가져야 한다. 비전은 정확히 이루어져야 할 그 시간에 반드시 성취될 것이라는 사실을 확신해야 한다. 하나님은 인간의 타락 이후 약 4,000년이 지난 다음에서야 우리의 구주가 되시는 예수님을 보내주셨다. 인간적으로 말하자면 그 시간은 기다리기에 무척 긴 세월이다. 그러나 주님은 예언된 말씀과 정확히 일치하는 바로 그 시간에 오셨다. 성경은 이렇게 말씀한다. "때가 차매 하나님이 그 아들을 보내사 여자에게서 나게 하시고 율법 아래에 나게 하신 것은 율법 아래에 있는 자들을 속량하시고 우리로 아들의 명분을 얻게 하려 하심이라" 갈 4:4-5. 예수님께서 완전히 때가 차서야 오셨던 것처럼 당신의 비전도 그렇게 이루어질 것이다. 만약 누군가가 왜 아직도 꿈을 이루지 못 했냐고 비아냥거리면 이렇게 대답하라. "나는 그저 대기하고 있다가 신호가 오면 이동할 것입니다." 어떤 사람들은 설마 그런 일이 생길까 하고 반신반의할지 모른다. 하지만 당신은 의심할 필요 없이 그저 기다리기만 하라. 비전에 보조를 맞추어 나아갈 수 있는 여유를 가지고 있으면 모든 것이 이루어질 것이다.

당신이 하나님으로부터 가게를 차리게 될 것이라는 비전을 받았다고 가정하자. 그러나 지금 당장은 남의 가게에서 일을 하고 있는 실정이다. 그래도 당신은 주변 환경이 아니라 마음의 눈으로 비전을 보고 있기에 현재 상황이 일시적이라는 것을 알고 있다. 그러므로 비전이 성취되지 않은 지금도 여전히 만족한 생활을 누릴 수 있다. 아니면 지금 당신이 사장님 밑에서 커피 심부름을 한다고 하자. 당신은 언젠가 총지배인이 될 것을 알고 있기에 부끄러움을 개의치 않는다.히 12:2 참조. 커피 만드는 일을 지루하게 여기지 않기에 더욱 맛있는 커피를 만들려고 노력한다. 사람들은 당신을 한낱 비서로 여길지도 모른다. 그러나 당신은 총지배인이 되기 위한 과정을 밟고 있다는 것을 알기에 당신에 대한 사람들의 평가에 그다지 마음을 두지 않는다. 비전은 당신의 인내력을 키워 준다.

**인내는 불확신의 시기에도 평화를 가져온다**

비전이 성취될 동안에 참고 견딘다면 당신은 모든 것이 불확실한 가운데서도 마음의 평안을 유지할 수 있다. 예를 들어, 직장에서 해고를 당하면 다른 사람들은 모두 불안에 떨지만 당신은 요동하지 않는다. 어느 누구도 하나님의 자녀를 정말로 '해고'시킬 수는 없다. 그들이 할 수 있는 일이라고는 다른 직업을 구해 비전 성취에 필요한 적절한 준비를 할 수 있도록 기회를 주는 것이다. 비전이 완성되었을 때 누리게 될 기쁨을 바라본다면 당신은 현재의 십자가를 참을 수 있다.히 12:2 참조.
비전이 없으면 당신은 십자가를 불평과 원망으로 받아들인다. 현재의 위치가 비참하게 여겨진다. 봉급만 보면 울분이 솟구친다. 직장에서 쫓겨날까 봐 한시도 마음 편할 날이 없다. 그러나 비전을 이해하게 되면 비전에는 시간과 인내가 수반되고 가끔씩 변화도 있기 마련이라는 사실을 잊지 않는다. 새로운 곳으로 가려면 사고를 달리해야 한다. 전에도 언급했듯이, 비전은 끊임없이 당신에게 불안을 가중시킬 수 있다. 그러나 그것은 당신의 행동을 유연하게 하여 비전을 향한 다음 단계로 역동적인 발걸음을 내디딜 수 있도록 해 줄 것이다. 당신이 하나님과 계속 동행하려면 언제나 행동하는 사람이 되어야 할 뿐 아니라, 하나님이 언제나 함께하신다는 확신을 굳게 붙들어야 한다.

## 인내는 역경을 극복한다

인내는 역경과 혼란을 극복하는 중요한 도구다. 만약 당신이 누군가를 협박하는데도 그 사람은 마음대로 처분하라는 식으로 응대한다면 당신은 지쳐서 더 이상 어떤 협박도 할 수 없게 될 것이다. 성경은 인내하는 사람이 전사보다도 더 용감하다고 말한다.

> 노하기를 더디하는 자는 용사보다 낫고 자기의 마음을 다스리는 자는 성을 빼앗는 자보다 나으니라(잠언 16:32).

내가 처음 이 구절을 읽었을 때 인내하는 것이 용사의 힘보다도 더욱 강하다는 사실이 쉽사리 믿어지지 않았다. 그러나 세월이 흐르면서 인내의 힘이 어떠한지를 점차 이해하게 되었다. 인내하는 사람은 다른 사람들을 불안하게 만든다. 왜냐하면 상대방은 화가 나서 반격해 오기만을 기다리고 있는데 정작 그 사람은 조금도 움직일 기세를 보이지 않기 때문이다. 사람을 기다리게 만드는 것보다 더 초조한 일은 없을 것이다. 당신은 여러 시도를 다 해 보아도 상대방은 미동도 하지 않고 의연한 자세로 앉아 있다. 그의 기다림은 마침내 반대파들의 기를 죽이고 물러서게 만든다.

그러므로 당신에게 비전이 있으면 아무도 당신을 공격할 수 없다. 동역자들이 당신을 싫어하는가? 기를 쓰고 당신을 방해하려는 인간들이 있는가? 전혀 문제 삼을 일이 아니다. 그것은 단지 일시적인 것이다. 당신의 일터가 당신의 인생은 아니다. 그것은 단지 장래를 위한 준비 코스에 불과하다.

### 인내는 승리를 이끈다

꿈을 가질 수 있는 한 당신에게는 여전히 소망이 있다. 소망이 있는 곳에 진정한 삶이 있다. 우리가 꿈을 지속시켜 나가려면, 때가 차면 꿈이 이루어질 것을 바라보고 인내로서 참고 기다려야 한다. 야고보서 1장 4절은 "인내를 온전히 이루라 이는 너희로 온전하고 구비하여 조금도 부족함이 없게 하려 함이라"고 말씀한다. 우리보다 먼저 천국에 간 믿음의 선진들은 믿음의 시련을 통해 인내를 배우게 되었고 그 결과 믿음의 경주에서 승리할 수 있었다.약 1:3. 우리도 그와 같이 해보자. 히브리서 12장 1절은 이렇게 우리를 권면하고 있다. "이러므로 우리에게 구름 같이 둘러싼 허다한 증인들이 있으니 모든 무거운 것과 얽매이기 쉬운 죄를 벗어 버리고 인내로써 우리 앞에 당한 경주를 하며" 아멘.

## 비전의 원리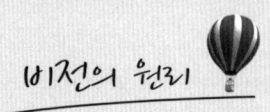

1. 비전의 성취를 목도하려면 인내해야 한다.
2. 우리는 비전 성취의 시기를 자신의 시간에 억지로 끼워 맞출 수 없다. 비전은 하나님이 허락하신 것이므로 하나님이 계획하신 때에 그 일을 성취하실 것이다.
3. 인내는 모든 것이 불확실한 가운데서도 평화를 가져다준다.
4. 믿음의 시련이 인내를 만들며, 인내는 우리의 영적인 성품을 온전케 하고, 비전을 성취하도록 이끌어 간다.

# 원리 12#
## 하나님과 지속적인 교제를 나누라

우리는 하나님을 떠나서는 아무것도 할 수 없다.

**15장**

비전 성취에 필요한 열두 번째 원리는 날마다 하나님과의 친밀하고도 역동적인 기도 생활을 하는 것이다. 그 이유는 무엇일까? 하나님은 당신의 비전의 원천이 되시기 때문이다. 당신이 이 세상에 태어난 목적은 하나님과의 교제를 통하여 자신의 삶에서 하나님의 목적을 찾아내고, 당신의 비전을 발견하는 것임을 명심해야 한다. 또한 당신의 비전을 만들어 내신 분도, 그것을 성취하기 위해 끊임없이 지지해주실 분도 바로 처음이요 마지막이 되시는 우리 하나님임을 기억해야 한다.계 1:8. 비전을 주신 하나님께 계속해서 붙어있을 수 있는 방법은 기도이기에 기도 없이는 비전을 이룰 수 없다. 예수님은 요한복음 15장 5절에서 "나는 포도나무요 너희는 가지라 … 나를 떠나서는 너희가 아무 것도 할 수 없느니라"고 말씀하셨다.

하나님과의 지속적인 교제를 가진다면 당신의 삶과 비전, 이 두 가지 영역이 모두 풍성하게 펼쳐질 것이다.

## 기도는 비전의 요구를 충족시킨다

비전을 추구하는 과정에서 마음먹은 대로 환경이 잘 돌아가지 않는 것처럼 보일 때는 감정적, 영적으로 지치게 된다. 놀림을 당하고, 비난을 받고, 반대에 부딪히다 보면 믿음이 약해진다. 그럴 때는 바로 기도의 골방으로 들어가라. "하나님, 그만 포기하고 싶어요"라고 울먹이면 하나님의 음성이 들릴 것이다. "네가 시작한 것은 반드시 이루어질 것이다." 빌립보서 1장 6절의 말씀을 들어보라. "너희 안에서 착한 일을 시작하신 이가 그리스도 예수의 날까지 이루실 줄을 우리는 확신하노라." 기도는 모든 짐을 하나님께 가지고 가서 아뢰는 것이다. "하나님, 이런 문제가 있는데요." 그러면 "내가 너와 함께 있는데 뭘 두려워하느냐?"라고 말씀하실 것이다. "여호와는 나의 빛이요 나의 구원이시니 내가 누구를 두려워하리요 여호와는 내 생명의 능력이시니 내가 누구를 무서워하리요" 시 27:1. 그분의 말씀을 부여잡고 기도하면 하나님은 당신의 어려운 문제들을 처리해 주시고 승리를 안겨다주실 것이다.

사업을 운영한다는 것은 그리 만만한 일이 아니다. 새로운 회사를 시작하려면 여러 장애물이 다 나타난다. 다른 사람이 한

번도 해보지 않았던 비전이나 새로운 일을 추구하려고 하면 곤란한 일이 한두 가지가 아니다. 어떤 때는, "내가 끝까지 해낼 수 있을까?"라는 의문이 고개를 쳐든다. 바로 이때가 하나님께로 달려갈 절호의 기회다. 기도는 인생의 소음과 혼란을 피하여 "하나님, 난 다시 세상으로 나가고 싶지 않아요"라고 말하는 것이다. 그러나 기도가 끝날 때쯤 당신은 이런 말을 하고 있을 것이다. "저는 다시 돌아갈 준비가 되었습니다."

기도를 통하여 하나님은 우리를 회복시키시고 믿음의 싸움을 할 수 있도록 용기를 심어주신다. 이사야 40장 31절의 말씀을 날마다 묵상하자. "오직 여호와를 앙망하는 자는 새 힘을 얻으리니 독수리가 날개치며 올라감 같을 것이요 달음박질하여도 곤비하지 아니하겠고 걸어가도 피곤하지 아니하리로다." 당신이 비전을 달성하고 승리를 누리면 사람들은 당신이 이루어 놓은 일에 대해 존경의 눈길을 보낼 것이다. 당신은 승리자에게 돌아오는 챔피언 벨트를 매게 될 것이다. 물론 사람들은 당신이 참패했던 라운드, 때로는 한쪽 구석으로 몰려가면서 얼마나 비틀거렸는지, 그리고 다음 라운드를 뛰기 위해 얼마나 안간힘을 썼는지에 대해서는 알지 못할 것이다. 진정한 투사는 메달을 앞가슴에 차고 다니지 않고 깊숙한 곳에 숨겨 둔다. 메달이 바로 그의 상처다. 당신이 비전을 달성하기 위해 얼마나 쓰라린 고통을 겪어야 했는지를 알아주는 사람은 극소수에 불과할 것이다. 그러나 왕관을 쓰기를 원한다면 상처를 입을 각오는 하고 있어야 한다.

사실, 챔피언이라고 해서 시합마다 이기는 것은 아니다. 그러나 인내하면 시합에서 승리하게 되어 있다. 기도를 통하여 싸움을 계속해 나갈 수 있는 능력을 받기에 하루 중 하나님 앞에 나가는 시간을 마련하여 "하나님, 저는 두려워요"라고 고백하라. 그러면 하나님이 당신과 함께하심을 확신할 수 있을 것이다. 하나님은 "내가 너희와 항상 함께 있으리라"고 말씀하신다.마 28:20.

기도를 통하여 당신의 두려움을 하나님께 내려놓기만 하면 당신의 약해진 무릎이 다시 일으켜 세워질 것이다. "하나님, 우리 함께 돌아가요. 오늘 한 번 더 싸워 볼게요."

### 기도는 비전의 필수 자원이다

기도 없이는 당신이 가고자 하는 목적지에 도착할 수 없다. 돈, 사람, 자원 하나 없이 당신에게 남겨진 것이 기도밖에 없을 때도 있을 것이다. 그러나 그것이 바로 당신에게 필요한 모든 것이다. 하나님은 당신을 도우셔서 고난에서 벗어나게 해 주실 것이다.

느헤미야에게 온갖 고난과 반대가 닥쳐왔을 때, 그는 하나님께 이렇게 기도했다. "내 하나님이여 도비야와 산발랏과 여선지 노아댜와 그 남은 선지자들 곧 나를 두렵게 하고자 한 자들의 소행을 기억하옵소서"느 6:14. 느헤미야는 자기가 당하는 모든 고난과 원수들의 문제를 하나님께 기도로 아뢰었다. 그는 자신의 정당성을 밝히려고 애쓰지 않았다. 그는 기도했고 하나님은 그를 구원해 주심으로 기도에 응답해 주셨다느 6:15-16 참조.

마찬가지로, 사람들이 당신의 꿈을 공격해 오면 하나님께 나아가라. 모든 것을 해명하거나 답변하려고 안달하지 말라. 그들은 이미 불순한 동기를 품고 있기에 당신이 말을 하면 오히려 악용하려고 들 것이다. 그러므로 당신의 목적, 믿음, 힘을 새롭게 하기 위해 우리의 근원이 되시는 하나님께 매달려라. 인내가 당신에게 승리를 안겨 줄 것이다. 처음 당신 안에 삶의 목적을 심어놓으신 분은 하나님이다. 하나님이 친히 당신에게 꿈을 주셨으며 그 일을 이루실 분도 하나님이다. "여호와께서 사람의 걸음을 정하시고 그의 길을 기뻐하시나니 그는 넘어지나 아주 엎드러지지 아니함은 여호와께서 그의 손으로 붙드심이로다"시 37:23-24.

## 비전을 실현하기 위한 준비단계

- 하루 일정한 시간을 들여 하나님께 기도하라.
- 당신의 삶과 비전을 위해 어떤 방법으로 하나님을 의지하겠는가? 당신이 하나님을 의지하지 않는 부분이 있다면 어떤 것인가? 현재 하나님을 의지하지 못하는 부분을 붙들고 기도에 힘쓰라. 당신의 감정이 어떤 상태인지 하나님께 정직히 말씀드려라. 그리하여 하나님의 임재와 그분의 말씀을 통하여 힘을 얻고, 격려를 받고, 용기를 얻도록 하나님께 자신을 내어 맡기라.

## 비전의 원리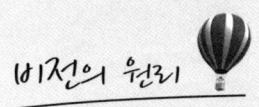

1. 비전을 성공시키고자 한다면 날마다 하나님과의 친밀하고도 역동적인 기도 생활이 이루어져야 한다.
2. 하나님과의 지속적인 교제를 가진다면 당신의 삶과 비전 이 두 가지 영역이 모두 풍성하게 펼쳐질 것이다.
3. 기도를 통하여 싸움을 계속해 나갈 수 있는 능력을 받기 때문에 하루 중 하나님 앞으로 나가는 시간을 마련하는 것은 대단히 중요하다.
4. 기도는 비전에 필수적이다. 사람들이 당신의 꿈을 공격해 오면 하나님께 나아가라. 당신의 목적, 믿음, 힘을 새롭게 하기 위해 당신의 원천이 되시는 하나님께 매달려라. 인내가 당신에게 승리를 안겨 줄 것이다.

# 3부

## 비전의 능력

# 후대로 전해지는 비전

**16장**

당신은 다음 세대의 후손들이 뿌리를 내리고
성장할 수 있는 자양분을 남기는 일을 하기 위하여 이 땅에 태어났다.

"범사에 기한이 있고 천하 만사가 다 때가 있나니"전 3:1.
우리의 삶에도 사계절이 있으며 우리는 이 계절을 반드시 통과해야만 한다. 첫 번째 계절은 탄생과 의존의 시기다. 우리는 모두 이런 시기를 거치게 되어 있으며 이때에는 모든 것을 외부의 도움에 의존하게 되는데 특히 가족의 보살핌을 받는다. 우리는 무엇이 옳고 나쁜지, 인생에서 중요한 것이 무엇인지를 배우는 훈련을 받아야만 한다.

두 번째 계절은 독립하는 시기로 자신이 해야 할 일이 무엇인지를 깨달아간다. 이제는 더 이상 다른 사람들이 우리의 인생에 비전을 제시해 주기를 기대하지 않으며 생존을 위해 다른 누군가의 도움을 구하지 않는다. 우리는 자신의 목표에 온 힘을 쏟는다. 우리는 근본적으로 하나님을 의지한다. 그러나 꿈을 펼쳐 나가는 데 필요한 자원들에 대해서는 다른 사람들의 도움을 받아야만 한다.

세 번째 계절은 서로 도와주는 상호의존적 시기다. 이 단계는 그동안 이루어 온 비전을 누리는 자유를 만끽하며 우리의 꿈을 다른 사람들에게 베풀 수 있다. 이제 우리는 비전을 다음 세대에 전해줄 수 있다.

마지막 계절은 죽음이다. 여기서 우리의 삶은 다음 세대에 살게 될 다른 사람들의 꿈을 위한 자양분이 된다. 만약에 당신이 죽을 때 남기고 간 인생의 유산 중 사람들에게 도움 되는 것이 없다면 당신은 그다지 보람된 삶을 살았다고 말할 수 없다. 당신이 이 세상을 떠날 때 남기고 간 비전의 열매로 사람들이 풍성한 삶을 살아야만 한다.

만약 자신의 묘지에 비석이 없다면 흔적도 없이 잊혀질 인생들도 많이 있다. 생각해보면 참으로 서글픈 일이 아닐 수 없다. 진실로 위대한 인물들은 기념비가 필요하지 않다. 다윗과 여호수아의 무덤을 모른다 해도 그것이 문제가 되지 않는다. 그들은 훌륭한 삶을 살았기에 우리의 기억에서 잊히지 않는다. 만약 당신이 올바른 인생을 살아간다면 역사는 당신이 살아온 삶을 부인하지 않을 것이다.

당신은 다음 세대가 뿌리를 내리고 성장할 수 있도록 자양분을 남기기 위하여 이 땅에 태어났다. 사실 우리는 곧 이 세상을 떠나가게 될 것이다. 우리의 남은 연수가 얼마인지 계산해 보자! 하나님이 우리 마음에 허락하신 비전을 발견하고 그것을 좇아가자.

# 비전 계획 작성법

**17장**  우리가 계획을 세워도
그것을 인도하시는 분은 하나님이다.

목표를 성취하는 데 있어서 우리들 대부분은 진지한 생각이나 계획 없이 발버둥치고 있다. 이는 청사진도 없이 공사를 시작하려 하는 건설업자와 같다. 그 결과 우리의 인생은 균형이 깨지고 신뢰할 수 없는 삶이 되며, 한 번도 자신의 존재 이유를 충족시켜 보지도 못하고 불만과 좌절 속에서 인생의 종국을 맞게 된다. 상급이 있고 열매가 있는 인생을 살 수 있는 열쇠는 개인적인 삶의 비전을 성취할 수 있도록 특별한 계획을 계발하는 것이다.

각자의 비전을 발견하고 이행해 나가는 것은 스스로를 알아가는 과정이다. 동시에, 하나님과의 관계를 성장시켜 우리가 비전을 이뤄가는 데 하나님께서 세세한 부분까지 조정하시도록 하는 것이다. 그러므로 계획을 완성품이라고 생각해서는 안 된다. 세월이 흐르고, 당신의 영적 경험과 성장에 따라서 계속 계획을 다듬어 나가야 할 것이다. 적어도 1년에 두 번 정도는 당신의 비전에 대해 재평가할 수 있는 시간을 따로 마련해 두어야 한다. 이런 식으로 계획의 일부를 첨가 혹은 삭제하다보면 어느 순간에 당신은 "아, 바로 이것이군요!"라고 외칠 때가 올 것이다. 그러나 인생의 청사진을 만들어 놓지 않으면 하나님도 그 안에서 당신을 인도하실 방안이 없다.

그러므로 현재 당신의 위치에서 인생을 설계하는 일을 잠시 중단하고 원점으로 되돌아가서 하나님이 당신에게 허락하신 비전이 무엇인지 깊이 생각해 보기 바란다. 그런 다음 그 비전에 맞추어서 당신이 원하는 방향으로 삶을 이끌어갈 확고한 청사진을 만들어 보자. 다음에 나오는 지침은 비전을 세워 나가는 방법을 발견하고 계발하도록 도와줄 것이다.

이 책의 마지막 부분인 '행동개시_ 비전 실현을 위한 준비단계'에서는 개인별 계획, 목표설정 프로그램 및 비전의 계획을 세우는 부가적인 원리와 지침 내용이 들어 있다.

### 1단계: 주의 집중을 방해하는 요소를 제거하라

아무런 방해를 받지 않는 가운데 혼자 조용히 생각하는 시간을 갖는다.

### 2단계: 당신의 참모습을 발견하라

다음 질문에 답을 하면, 당신의 정체성에 관하여 분명한 확신을 가질 수 있게 될 것이다.

- 나는 누구인가?
- 하나님과의 관계에 비추어 볼 때, 나는 누구인가?
- 인간으로서 나는 어디에서부터 왔는가?
- 나의 근원이 되시는 분과 어떤 면에서 서로 닮았는가? 창1:26-28 참조.
- 내가 이 세상에 존재하는 이유는 무엇인가?

### 3단계: 참된 비전을 발견하라

다음 질문에 답하라. 그러면 하나님이 당신의 마음 문을 열어 주셔서 그분의 목적과 당신의 비전을 볼 수 있는 놀라운 통찰력을 가지게 해 줄 것이다.

- 내가 하고 싶은 일은 무엇인가?
- 나는 어떤 일에 의욕을 느끼는가?
- 보상을 받지 못하는 한이 있더라도 그 어떤 것보다도 가장 하고 싶은 일은 무엇인가?

- 먹거나 잠자는 것도 잊어버릴 정도로 제일 좋아하는 일은 무엇인가?

당신의 참된 소원을 찾는 과정에서 인내를 가지고 깊이 있게 자신의 내부를 들여다보아야 한다. 다음의 지시사항을 따르면 도움이 될 것이다.

### 활동사항

후대에 남기고 싶은 것을 기록하라

당신이 스스로에 대해 칭찬하고 싶은 부분은 무엇인가? 당신은 무엇으로 이름을 남기고 싶은가? 다른 사람들이 당신에 관해 어떻게 말해 주기를 원하는가?

당신의 개인적인 사명을 진술해 보라

이는 당신의 삶이 끝날 즈음에는 어떤 업적을 이루어 놓을 것인가를 개략적으로 기술하는 것이다. 지금부터 1년, 5년, 10년, 20년, 30년 후에 어떤 위치에 있기를 원하는지 스스로 질문해 보라.

단 한 문장으로 당신의 인생 비전을 요약해 보라

이것은 당신이 인생을 살아가면서 무엇을 하고 싶은지 구체적으로 진술해 보는 것이다.

### 4단계: 당신의 순수한 동기가 무엇인지 파악해 보라

하나님으로부터 나온 비전은 결코 이기적인 것이 될 수 없다. 그것은 언제나 어떤 경로를 통해서도 다른 사람을 도와주거나 일으켜 세우는 것이다. 아래 내용을 묵상해 보라.

- 어떻게 하면 나의 비전으로 말미암아 다른 사람들이 유익을 얻겠는가?
- 나의 비전의 동기는 무엇인가?
- 그 일을 하고자 하는 이유는 무엇인가?
- 나는 정직하게 비전을 달성할 수 있는가?

### 5단계: 원칙을 분명히 정해 놓으라

당신의 원칙은 당신의 인생철학이다. 이런 원칙들이 당신의 생활 방식, 사업 스타일, 다른 사람들과의 관계 및 인생을 위한 길잡이가 된다. 당신은 이런 원칙들을 정하여 마음 판에 새겨두고 그것을 기준으로 해서 인생을 살아가야만 한다.

### 6단계: 일반적인 목표와 구체적인 목표를 진술하라

일반적인 목표는 당신이 가야 할 방향을 지시해 주는 분명한 지표가 된다. 구체적인 목표는 일반적인 목표를 더욱 구체화시키는 작업이다. 이런 구체적인 사항은 일을 성사시키기 위해 필요한 구체적인 시기를 결정하는 것이다.

### 7단계: 당신의 자원을 명시하라

이제 비전을 달성하는 데 필요한 모든 자원을 열거해 보라.

- 인적 자원
- 물적 자원
- 당신의 강점
- 당신의 약점

### 8단계: 비전에 전념하라

당신이 하고 싶은 일을 끝까지 관철해 나가겠다는 굳은 결심과 함께, 그런 과정에서 하나님의 인도를 받을 때 당신의 계획을 수정할 수 있다는 사실을 인정해야 한다.

# 행동개시

비전 실현을 위한 준비 단계

## 비전의 원리들

1. 비전은 목적의 산물이다.
2. 비전은 참된 지도력의 원천이다.
3. 비전은 목적을 문서화한 것이다.
4. 비전은 상세하고, 개인에게 꼭 알맞은 것이며, 분명하고, 독특하면서도, 이치에 합당한 것이다.
5. 비전은 결코 현상 유지에 머물러 있는 법이 없다.
6. 비전은 항상 변화를 요구한다.
7. 비전은 미래 집중형이다.
8. 비전은 자기 훈련을 이끌어낸다.
9. 비전은 거룩한 영감에서 생겨난다.
10. 비전은 사명이 아니다.
11. 비전은 대대로 이어지는 특성을 지니고 있다.
12. 비전은 단계별로 그 특성이 분명하게 드러난다.
13. 비전은 언제나 개인에게 주어진다.
14. 비전은 비전을 꿈꾸는 자보다도 더 상위개념이다.
15. 비전은 죽음보다도 더 강력한 힘이 있다.
16. 비전은 사람들을 움직이게 만드는 힘이 있다.

**비전의 과정**

1. 비전은 붙들어야 한다.
2. 비전은 단순해야 한다.
3. 비전은 문서로 작성해 두어야 한다.
4. 비전은 사람들에게 알려야 한다.
5. 비전은 소유권을 공유해야 한다.
6. 비전은 개인적인 동시에 공동체도 역시 그것을 품을 수 있어야 한다.
7. 비전은 계획을 만들어 내야 한다.
8. 비전은 계속적으로 수정해 나가야 한다.
9. 비전은 평가를 해보아야 한다.
10. 비전은 우선순위를 이끌어 내야 한다.

**사명선언서 작성법**

사명선언서는 당신이 이루고 싶은 일에 관한 광범위하고 일반적인 진술을 말한다. 사명선언서를 작성해 보면 당신이 존재하는 목적과 (개인과 공동체 안에서) 정당성을 규명할 수 있다. 사명선언서를 작성하기 위해 다음에 나오는 질문에 답하기 바란다.

- 어떻게 하면 나의 재능을 꽃피우고 나의 능력을 드러내서 인류에 공헌할 수 있을까?

- 신체적, 정신적, 사회적, 영적인 나의 모든 욕구를 무엇으로 통합할 수 있는가?
- 삶 속에서 나의 모든 역할을 성취하려면 어떻게 해야 할까? 가정, 학교, 직장, 지역사회 및 대대로 이어지는 후손들의 측면에서 기술해 보라.

### 개인별 비전 계획 작성법

참된 비전은 분명한 목적 의식과 깊은 영감의 산물이다. 다음의 질문들은 당신이 자신의 비전을 밝혀내고 다듬어 가는데 도움이 될 것이다.

- 내가 가장 소원하는 것은 무엇인가?
- 내가 이 세대에 남기고 싶은 것은 무엇인가?
- 나에게서 한 번도 떠난 적이 없는 아이디어는 무엇인가?
- 내가 정말로 열정을 느끼는 것은 어떤 분야인가?
- 실패하지 않으리라는 보장만 있다면 꼭 하고 싶은 일은 무엇인가?
- 내가 바라보는 나의 미래의 자아상은 어떠한가?
- 내가 성취할 수 있는 가장 위대한 일은 무엇인가?

### 비전을 성취하는 열쇠들

- 비전 확인
- 비전의 명료화

- 비전 다듬기
- 비전의 문서화
- 비전 명시
- 비전의 전달
- 비전 실시
- 비전 재평가
- 계획 수정
- 계획 반복
- 비전은 인생을 단순하게 만든다

**개인별 계획 프로그램: 조직적인 전략**

계획을 효과적으로 달성하려면 여기에 기록된 바와 같이 스스로를 훈련시키고 지혜로운 조언을 따라가야 한다.

- 내가 달성하고자 하는 일은 무엇인가?
- 나에게는 어떤 사람이 필요한가?
- 정보를 구하려면 어디로 가야 하는가?
- 기간은 얼마나 걸리겠는가?
- 비용은 어느 정도 들겠는가?
- 나는 어디서 경험을 쌓을 수 있는가?
- 나에게 있는 것은 무엇인가?

### 비전의 7가지 원리들 합 2:1-4 참조

1. 문서화의 원리 *비전을 기록한다.
2. 단순화의 원리 *비전을 간단한 말로 쉽게 표현한다.
3. 공유하는 원리 *함께 일할 사람들에게 비전을 제시한다.
4. 동참의 원리 *사람들과 함께 비전을 운영해 나가도록 한다.
5. 타이밍의 원리 *시기를 정해놓는다.
6. 인내의 원리 *비전을 기다린다.
7. 믿음의 원리 *비전은 분명히 이루어질 것이다.

# 개인별 계획과 목표설정 프로그램

하나님의 은혜로 나는 올해 다음의 목표를 달성할 것을 선서한다.

년도:

이름:

## 영적 목표

1.
2.
3.

## 가족을 위한 목표

1.
2.
3.

## 건강 목표

1.
2.
3.

## 학업 목표

1. 
2. 
3. 

## 경력 목표

1. 
2. 
3. 

## 교제 목표

1. 
2. 
3. 

## 재정 목표

1. 
2. 
3.

## 투자 목표

1. _____
2. _____
3. _____

푯대를 향하여 그리스도 예수 안에서 하나님이 위에서

부르신 부름의 상을 위하여 달려가노라  －빌립보서 3장 14절

## 목표 예시

- 영적 주제에 관한 일곱 권의 책을 읽는다.
- 가족과 대화하는 시간을 늘린다.
- 건강진단을 받는다.
- 영어 회화 학원을 다닌다.
- 리더십 프로그램에 참여한다.
- 새 친구 다섯 명을 사귄다.
- 소득의 5%를 저축한다.
- 주식 등 재테크 관련 공부를 한다.

컴팩트 북 시리즈

# 비전의 힘

지은이 | 마일즈 먼로
옮긴이 | 최예자

초판 1쇄 | 2009년 11월 3일
초판 3쇄 | 2023년 8월 30일

발행인 | 김경섭
국제총무 | 최복순
총무 | 김현욱
협동총무 | 김상현
편집부 | 고유영(편집실장), 김성경, 박은실(디자인)
인쇄 | 영진문원

발행처 | 묵상하는사람들
등록번호 | 20-333
일부총판 | 생명의말씀사 Tel. (02) 3159-7979  Fax. 080-022-8585

주소 | 서울특별시 서초구 청룡마을길 8-1(신원동) (우) 06802
전화 | (02) 588-2218   팩스 | (02) 588-2268
홈페이지 | www.precept.or.kr
국민은행 431401-04-058116(프리셉트선교회)
2009 ⓒ 묵상하는사람들

값 9,800원
ISBN  978-89-8475-412-6 04230
　　　978-89-8475-413-3 04230(세트)

독자 여러분의 의견을 기다립니다.
독자 전화 (02) 588-2218 / pmbook77@naver.com